La Technologie du Futur

Autres titres de la série *Newton – Vision et découvertes*:

Les extraordinaires Phénomènes naturels   ISBN : 2-84584-037-3
Le Monde des Machines   ISBN : 2-84584-045-4
Le Corps humain   ISBN : 2-84584-038-1
Le Monde des Animaux   ISBN : 2-84584-042-X
Chroniques du Passé   ISBN : 2-84584-040-3
La Conquête de l'Espace   ISBN : 2-84584-043-8
Du Big Bang à la Vie   ISBN : 2-84584-041-1
Des Dinosaures à l'Homme   ISBN : 2-84584-044-6

Informations: www.serges.fr

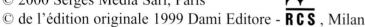
En collaboration avec

Les volumes *Newton – Vision et découvertes* contiennent des textes
et des images du mensuel "Newton", Newton Press Inc. Japan

Co-production: Serges Media et Officine Grafiche De Agostini S.p.A., Novara
Tous droits réservés

Réalisation de la version française :
Les COURS - Caen - Christian PESSEY
traduction : Louis Venuto / Les COURS

ISBN 2-84584-039-X

La Technologie du Futur

SERGES MEDIA

Sommaire

Vivre dans le Futur

Trafic intense, pollution,
surpopulation sont les grands
problèmes qui pénalisent
notre vie quotidienne.
Et les architectes sont déjà
au travail pour concevoir
les maisons et les villes
du futur. Villes souterraines,
construites sur la mer, ou
surélevées ; maisons où
l'on pourra tout faire avec
un ordinateur ; le bureau
concentré dans un
ordinateur de poche.
Voilà comment
changera
notre vie.

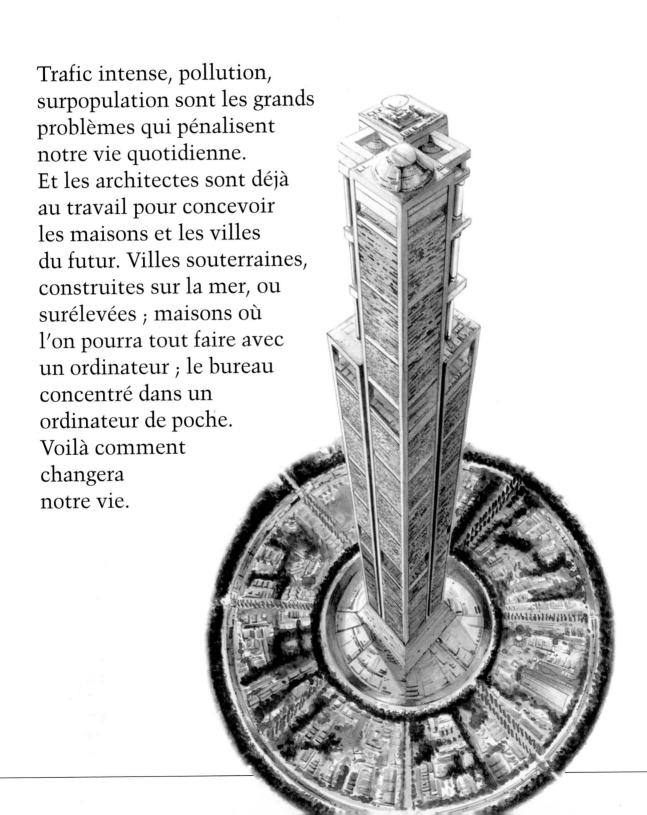

DE NOTRE ENVOYÉ DANS LE XXIe SIÈCLE

Le futur est à notre porte, il a peut-être même déjà commencé. Pensons simplement aux objets, aux appareils électroménagers qui, il y a quelques années encore n'existaient pas et qui, aujourd'hui, font partie de notre vie quotidienne ; par exemple les ordinateurs et les téléphones portables, pour n'en citer que deux parmi les plus répandus, qui ont peut-être transformé radicalement les modalités de communication quotidienne. En quelques années les progrès de la technologie pourront changer plus profondément encore notre vie et nous projeter dans un scénario de film de science fiction. Même nos villes se préparent à connaître de profond bouleversement

XXIe siècle

Les gratte-ciel seront encore plus grands et la circulation et les parkings seront transférés sous terre. Le ciel sera envahi de satellites de télécommunication et les océans seront encombrés de villes flottantes ou sous-marines.

L'illustration de droite nous montre une coupe de la terre et du ciel qui représente les hauteurs et les profondeurs que l'homme est parvenu à atteindre jusqu'à présent.

10 000 km

1 000 km

100 km

10 km

0 km

– 0,2 km

– 0,5 km

– 1 km

– 5 km

– 7,5 km

– 10 km

Construire sur l'eau

Les architectes et urbanistes ont déjà en chantier de nombreux projets qui rendront nos villes plus vivables et qui résoudront quelques-uns des problèmes typiques de notre époque. Un de ces problèmes est l'augmentation de la population qui, au fur et à mesure des années, pourrait entraîner une surpopulation des centres urbains et, plus généralement, de notre planète. La partie habitée (et jusqu'à aujourd'hui habitable) de la terre, ne représente que 30 % de la surface réelle, puisque les 70 % restant sont occupés par les océans. De là l'idée de concevoir des villes marines ou sous-marines, qui nous permettraient d'utiliser des espaces que l'on ne peut aujourd'hui que traverser en bateau.

Pour reprendre sur les eaux des mètres de terre habitables on a pensé utiliser des rochers et des blocs de béton pour former des plates-formes sur lesquelles on pourrait construire là ou l'eau n'est pas trop profonde. Même si elles sont faites de matériaux ultra-modernes, les villes du prochain siècle pourraient donc ressembler aux maisons sur pilotis de la préhistoire. Un saut dans le futur qui, à sa manière, est un retour dans le passé. Une autre solution pour construire sur la mer prévoit l'utilisation de structures flottantes qui pourraient même être installées en pleine mer. Réalisées dans les chantiers navals, ces îles habitables seraient remorquées jusqu'à destination et ancrées au fond des mers avec des câbles et des poids.

Archipels artificiels

Parmi les nombreux projets, il y a celui de l'architecte Michel Pinseau qui a imaginé un archipel touristique artificiel, avec des lacs d'eau de mer et un système de canaux qui mettraient à notre disposition des kilomètres de plages ensoleillées même en plein hiver. Les vacances du futur pourraient donc être proposées toute l'année, indépendamment du climat ou de la saison en cours.

AU FOND DE LA MER

Des laboratoires et des villes sous-marines seront habités par les "aquanautes", futurs citadins des océans profonds. Les stations sous-marines seraient construites en profondeur et communiqueraient avec la surface par l'intermédiaire de câbles. Naturellement, elles seraient dotées de tout le confort pour garantir à leurs locataires toutes les commodités d'une maison "normale" : pièces où dormir et manger, salles de lecture et de détente.

Zoom
Pourquoi ?
Qui ?
Où ?
Quand ?
Comment ?

Marinarium

Les urbanistes et les architectes travaillent pour le futur en imaginant des villes marines et sous-marines. Les "unités flottantes habitables" représentées ci-dessous seraient appelées "Marinarium" et pourraient devenir une étape dans la réalisation d'un vieux rêve de l'homme : la colonisation des océans. Les nouveaux horizons de l'architecture s'ouvriraient vers la mer, qui occupe les deux tiers de la superficie de la planète, et nous retournerons vivre dans l'eau qui est le berceau de la vie.

LE SAVIEZ-VOUS ?

■ LE FUTUR D'AUJOURD'HUI
Même l'aéroport le plus grand du monde, le Chek Lap Kok de Hong Kong, a été construit sur l'eau. C'est une plate forme construite sur la mer, flottante pour les deux tiers. Un tunnel sous-marin a été construit sous la baie et permet, en 23 minutes, la liaison entre le terminal et la métropole. Le Chek Lap Kok a été inauguré le 6 juillet 1998. Pour le construire, il a fallu 6 ans et il a coûté 9 milliards de dollars.

À LA RECHERCHE DE L'ÉTÉ

Mi-île, mi-navire de croisière : il s'appelle "Freedom" (liberté) et c'est la dernière idée en matière de ville flottante. Les ingénieurs américains qui sont en train de finaliser le projet comptent bien le réaliser avant la fin 2002. La grande nouveauté de "Freedom" est de pouvoir "lever l'ancre" et de se déplacer sur la mer : de cette façon, il pourra faire le tour du monde à la recherche d'un été permanent. Ses habitants pourraient ainsi dire adieu à l'hiver et au froid et se trouveraient sous un grand soleil pendant 365 jours par an. Aucun problème pour ceux qui souffrent du mal de mer : en cas de tempête, des vagues de 30 m de haut ne pourraient déplacer la ville flottante que de deux petits centimètres.

Zoom
Pourquoi ?
Qui ?
Où ?
Quand ?
Comment ?

Dessous... à qui le tour

L'objectif des projets de villes du futur n'est pas seulement de trouver des surfaces nouvelles sur lesquelles construire des centres d'habitat, mais c'est aussi de rendre plus confortables ceux qui existent déjà. L'un des problèmes les plus urgents à résoudre est donc celui de la pollution urbaine, dont la source principale est les gaz d'échappement des voitures. Une des solutions à cet inconvénient pourrait être la construction de villes "à strates", c'est-à-dire construites sur plusieurs niveaux. Un niveau souterrain serait occupé par les routes, les galeries pour les transports en commun et même par de nombreux services et bureaux. Le niveau supérieur serait ainsi libéré de la circulation urbaine et serait occupé par de grandes avenues plantées d'arbres, des parcs et des jardins. En augmentant la quantité d'espaces verts, on pourrait sensiblement améliorer la qualité de l'air que nous respirons et limiter aussi le phénomène d'augmentation de la température des centres urbains, qui sont devenus depuis plusieurs années pendant l'été de véritables "fours". Les villes du futur pourraient ainsi devenir plus vertes et, donc, plus propres et plus fraîches.

L'idée de développer les villes dans le sous-sol, comme celle d'en construire sur la mer, nous permettrait même d'étendre la surface habitable de la planète et, dans ce cas, d'envoyer les fumées et gaz d'échappement dans des galeries dotées de filtres et de stations de dépollution. De plus, en enterrant les voies ferroviaires et les autoroutes, on mettrait fin à la dégradation de vastes zones vertes et de surfaces habitables au profit de l'infrastructure routière. Pour toutes ces raisons, il semble vraiment que les constructions en sous-sol soient les plus appropriées, même en terme de coûts. C'est une raison de plus pour penser que c'est vers cette ville du futur que l'on s'oriente.

ATTENTION AU GENDARME VOLANT !

Les routes seront souterraines, mais là où la circulation se fera en surface, elle sera contrôlée d'en haut. Une sorte de gendarme volant robotisé a déjà été mise au point aux États Unis. Il s'agit d'un appareil de 60 kg, doté d'un système de surveillance qui fonctionne par satellite et qui peut décoller du haut d'une construction. Même à grande distance, l'œil électronique du robot peut relever les numéros d'immatriculation et lire les panneaux routiers de façon à localiser d'éventuels accidents et permettre l'arrivée des secours.

Multi-niveaux

Les villes se développeront en hauteur et seront construites sur plusieurs niveaux. En partant du bas, au sous sol, sera localisée la "ville des services" avec les bureaux, les supermarchés, les magasins etc. La circulation se fera au premier niveau sous terre, occupé aussi par les parkings. En surface il y aura le vert, avec les avenues plantées d'arbres comme au siècle dernier, quand les voitures n'existaient pas encore. Pour les habitations des gratte-ciel, avec des ascenseurs extérieurs et des tuyaux de raccordement horizontaux sur plusieurs niveaux pour traverser la "route".

LE STADE ENTERRÉ

Les pays les plus avancés dans les constructions souterraines sont ceux d'Europe du Nord, où épurateurs, incinérateurs et décharges sont désormais construits depuis plusieurs années dans le sous-sol.

En Norvège, en 1994, on a même construit sous terre une patinoire. C'était au moment des Jeux Olympiques d'hiver dans la ville de Lillehammer. Pour la réaliser, il a fallu deux ans, pendant lesquels on a extrait 140 000 m³ de roches d'une colline : ils ont été remplacés par un complexe sportif capable d'accueillir 2 500 spectateurs.

Zoom
Pourquoi ?
Qui ?
Où ?
Quand ?
Comment ?

Comme les abeilles
Une ville, suspendue dans l'espace, s'inspirant de la nature par sa structure en nids d'abeille.
*Le projet **Alvéolaire** prévoit une structure surélevée dans laquelle les lieux d'habitation sont oxygénés par une forêt qui se trouve au-dessous.*

Pilotis sur la forêt

Une autre idée pour améliorer la qualité de l'air dans les zones urbaines est issue du "projet Alvéolaire". Il s'agit d'une structure surélevée en forme d'alvéoles (comme son nom l'indique), à l'intérieur de laquelle on trouve des maisons et des galeries qui sont ainsi mises en relation. Cette structure devrait être construite au-dessus d'une zone verte, riche en arbres : la forme alvéolaire de la construction laisserait filtrer les rayons du soleil et permettrait à la végétation au-dessous de croître librement, sans être étouffée par le béton.

Dans ce cas aussi on fait référence au vieux principe du pilotis, avec la seule différence que les maisons ne seraient pas construites sur l'eau mais sur une mer de végétation, de façon à procurer aux habitants de l'immeuble "Alvéolaire", oxygène et air frais.

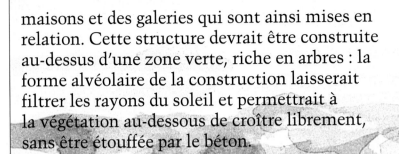

Zoom
Pourquoi ?
Qui ?
Où ?
Quand ?
Comment ?

COPIER LA NATURE

Tout comme la ville "alvéolaire", la technologie du futur s'inspirera de la nature.
Du binôme nature-technologie naîtront aussi des bateaux "squales", qui auront de microscopiques petits trous, inspirés de la peau du squale. Ces pores rendent son corps plus fluide dans l'eau.
On imaginera des conditionneurs d'air en étudiant la capacité du dromadaire à maintenir un bon niveau d'humidité dans ses poumons malgré l'air sec du désert. Au cours de ses voyages, le dromadaire est contraint à de longs jeûnes et il peut rester sans boire pendant au moins 8 jours.
La technologie du futur s'inspire de ce qui existe déjà dans le monde animal et végétal, comme, pour construire les pare-chocs des voitures, par exemple : ceux-ci auront une structure fibreuse semblable à celle de la corne des rhinocéros, qui est capable d'autoréparer les fractures que l'animal se fait dans les combats avec ses semblables.

*Ainsi s'appellera la tour construite pour célébrer le nouveau siècle. Elle aura **800 m** de haut, le double du plus haut édifice du monde : le Petronas Tower (452 m) à Kuala Lumpur en Malaisie (sur la photo à droite). Le Petrona Tower a 85 étages réalisés principalement en acier, marbre et verre.*

Le retour du Zeppelin

Fils de la montgolfière, le dirigeable était un "ballon gonflé" de forme fuselée. Ce fut un moyen de transport aérien en vogue dans les années 1930, dites la "Belle Époque". Le plus célèbre est le Zeppelin, connu à cause de la catastrophe de l'Hindelburg en 1937, un accident qui marqua la fin des "aérostats". Dans les années 2000, dans le ciel des villes du futur, les dirigeables recommenceront à voler et à transporter des passagers. Le plus grand, selon un projet sud-africain, aura une longueur de 132 m (le double d'un Boeing 747 Jumbo) et il accueillera trente passagers (moins qu'un autocar). Les nouveaux Zeppelin se développeront surtout pour les transports urbains ou comme "avions de croisières".

TOUJOURS PLUS HAUT

Un avenir sur mer, un avenir sous terre et… un avenir dans le ciel. Une troisième solution pour augmenter la surface habitable, est de construire des édifices toujours plus hauts et dotés de tous les services. Il ne s'agirait pas de simples gratte-ciel, mais de véritables villes verticales ! Un exemple concret nous vient du projet de l'architecte anglais Norman Foster. Foster est l'inventeur de cette "Tour du Millénaire", une construction de 800 m de haut et comprenant au moins 150 étages. Cette tour serait elle-même divisée en 5 blocs de 30 étages chacun. Tout en haut de cette tour serait placée une énorme antenne de télévision, d'une hauteur de 200 m. Les habitants de cette tour pourraient même ne jamais sortir de leur immeuble démesuré. Ils auraient, en fait, à disposition tout l'équipement et les installations capables de satisfaire toutes leurs exigences quotidiennes : cinémas, restaurants, centres commerciaux, salles de concert, installations sportives et de loisir. Les bureaux à l'intérieur de la tour pourraient recevoir 17 000 employés, et les maisons pourraient accueillir environ 2 000 résidents. Compte tenu des dimensions et du nombre d'habitants, il s'agirait en fait d'une véritable petite ville à plusieurs étages.

800 mètres

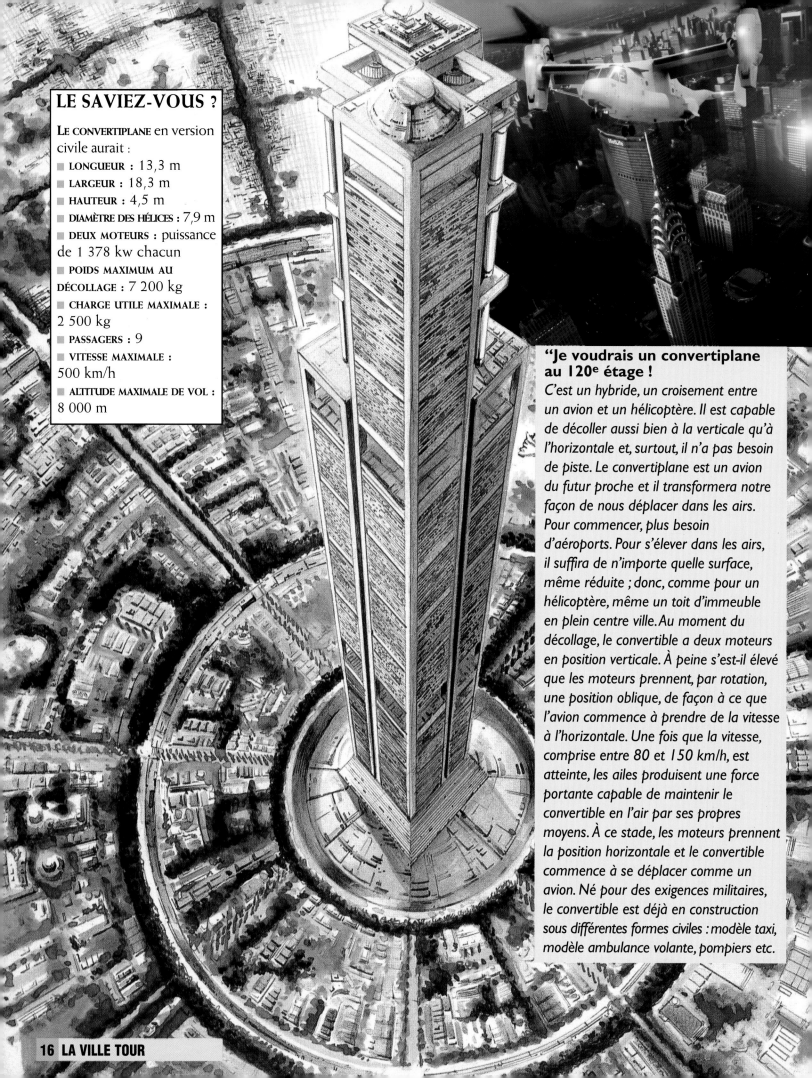

LE SAVIEZ-VOUS ?

LE CONVERTIPLANE en version civile aurait :

- **LONGUEUR** : 13,3 m
- **LARGEUR** : 18,3 m
- **HAUTEUR** : 4,5 m
- **DIAMÈTRE DES HÉLICES** : 7,9 m
- **DEUX MOTEURS** : puissance de 1 378 kw chacun
- **POIDS MAXIMUM AU DÉCOLLAGE** : 7 200 kg
- **CHARGE UTILE MAXIMALE** : 2 500 kg
- **PASSAGERS** : 9
- **VITESSE MAXIMALE** : 500 km/h
- **ALTITUDE MAXIMALE DE VOL** : 8 000 m

"Je voudrais un convertiplane au 120e étage !

C'est un hybride, un croisement entre un avion et un hélicoptère. Il est capable de décoller aussi bien à la verticale qu'à l'horizontale et, surtout, il n'a pas besoin de piste. Le convertiplane est un avion du futur proche et il transformera notre façon de nous déplacer dans les airs. Pour commencer, plus besoin d'aéroports. Pour s'élever dans les airs, il suffira de n'importe quelle surface, même réduite ; donc, comme pour un hélicoptère, même un toit d'immeuble en plein centre ville. Au moment du décollage, le convertible a deux moteurs en position verticale. À peine s'est-il élevé que les moteurs prennent, par rotation, une position oblique, de façon à ce que l'avion commence à prendre de la vitesse à l'horizontale. Une fois que la vitesse, comprise entre 80 et 150 km/h, est atteinte, les ailes produisent une force portante capable de maintenir le convertible en l'air par ses propres moyens. À ce stade, les moteurs prennent la position horizontale et le convertible commence à se déplacer comme un avion. Né pour des exigences militaires, le convertible est déjà en construction sous différentes formes civiles : modèle taxi, modèle ambulance volante, pompiers etc.

La "mère" de toutes les métropoles

Une grande tour est elle aussi au centre du projet d'une société de construction japonaise : une ville qui pourrait accueillir environ un million de personnes sur une superficie de 154 km², un peu moins que la surface urbaine de Paris. Ainsi, la densité de la population serait réduite par rapport aux métropoles d'aujourd'hui. La grosse tour centrale (appelée "mother", la mère) a été conçue pour recevoir toutes les fonctions municipales : bureaux, centre de communication et services pour les habitants. Les habitations urbaines seront au contraire placées dans la verte périphérie.

La véritable nouveauté de ce projet japonais réside, en fait, dans un autre aspect : les maisons seraient reliées au réseau de communication de la tour, de façon à ce que chacun puisse travailler en restant confortablement installé dans ses propres murs. Ainsi n'existerait plus la soi-disant "heure de pointe", pendant laquelle les gens se déplacent en voiture de chez eux au bureau (ou vice versa) et tous les habitants de cette ville futuriste pourraient vaquer à leurs occupations et mener une vie aux rythmes plus calmes, et, surtout, entourés d'un environnement vert et luxuriant.

UNE MAISON MODULAIRE

Les maisons individuelles seront, elles aussi, sur plusieurs niveaux, petites maisons mono-famille sur trois niveaux. Sur le toit, il y aura des panneaux solaires qui recueilleront les rayons du soleil et les transformeront en énergie électrique. Certains murs seront en matériau transparent, qui apportera une luminosité appréciable en plus de la présence, entre les quatre murs, de vastes espaces verts, véritables jardins ménagers avec plantes et fleurs. Les lits et les canapés du futur pourront s'adapter à la position et à la forme du corps de celui qui les utilise : ce ne sera pas simplement du confort, mais aussi une véritable aide pour les personnes handicapées.

The Mother

En bas, les maisons d'habitation seront dans des espaces verts. Dans la tour centrale, la "mère", seront concentrés les bureaux publics et privés, les centres de communication et les services, reliés par l'intermédiaire d'ordinateurs aux habitations.

L'HABILLEMENT Il ne sera plus nécessaire d'aller dans les magasins, le shopping se fera de la maison. Grâce à l'ordinateur, relié aux magasins, via Internet, on pourra choisir le vêtement, on donnera les tailles et l'essayage se fera directement sur écran : avec un clic sur la souris, on prendra le vêtement pour le faire essayer à sa silhouette "virtuelle".

LES POUBELLES Fini le tri sélectif ! Une seule poubelle "intelligente" les séparera d'elle-même et les déchets organiques seront transformés en engrais pour les plantes.

LES CLÉS DE LA MAISON Adieu le paquet de clés pour la porte, la barrière, le garage, la voiture etc.. Le tout sera dans une carte, comme les cartes bancaires, avec un système de reconnaissance basé sur les caractéristiques physiques de chaque personne : l'iris des yeux, les empreintes digitales et la voix.

L'ARGENT Billets de banque et monnaie deviendront de plus en plus une "espèce en voie de disparition" et les formes de monnaie électroniques se multiplieront.

L'E-MAIL Adieu facteur. "Baisers et souhaits" du monde entier voyageront par la poste électronique via Internet

LE RÉFRIGÉRATEUR Il sera "intelligent" et avertira automatiquement s'il manque quelque chose. Il sera même capable de contrôler la date de péremption des produits.

LES JOURNAUX Plus d'édition. Tous les journaux et les revues du monde pourront se feuilleter, se lire ou s'écouter sur Internet.

(suite à la page 19)

LES MAISONS "INTELLIGENTES"

Les changements de la ville du futur ne concerneront pas seulement l'aspect extérieur des maisons et des routes mais aussi l'aspect intérieur des maisons. De nouveaux appareils électroménagers et de nouveaux services sont à l'étude, et pour certains d'entre eux des brevets ont déjà été déposés.

De nombreuses sociétés se sont, ces dernières années, engagées dans un projet de mise au point d'une centrale de contrôle avec laquelle on pourra programmer tout l'électroménager de la maison. Dans chaque pièce on aura des capteurs capables de communiquer à "l'ordinateur central" l'état actuel et les opérations à effectuer pour le modifier. Tout sera à portée de "souris" et nous devrons nous habituer à un nouveau vocabulaire, la "domotique", nom de la discipline qui concerne l'informatisation de la maison.

La domotique

C'est la maison du futur, où tout (ou presque) pourra se faire à partir de l'ordinateur. Il suffira de cliquer sur l'écran pour répondre au vidéo-interphone. Un autre clic et on pourra allumer la chaîne hi-fi et la télévision qui fonctionneront dans tous les endroits de la maison. L'interrupteur à œil" sera le gardien qui commandera les systèmes de sécurité intérieurs et extérieurs. Lumières à allumer ou à éteindre, fenêtre à fermer ou ouvrir, plantes à arroser, signaux d'alarme, eau chaude ou eau froide. La domotique sera partout.

2010 : ODYSSÉE DANS LA MAISON

Le matin. Une heure avant le réveil, un capteur mesure la température et met en route les radiateurs et le climatiseur pour réchauffer ou rafraîchir l'atmosphère. Juste après est activé le chauffage dans la salle de bain (inutile de nuit) et la cafetière se met en route. Même l'ordinateur se met en marche, pour déverser les informations du jour sur Internet et vérifier s'il y a du courrier sur l'E-mail. Un calendrier électronique évalue le niveau de clarté de la journée et lève les stores ou allume la lumière, peut être simple-ment avec une faible intensité pour ne pas trop déranger.

Au réveil. En même temps que la son-nerie du réveil, la chaîne Hi-fi se met en marche et les hauts parleurs dans la chambre diffusent une musique légère, à faible volume. Juste après, la lumière s'allume dans la salle de bain, où règne la température idéale pour une toilette matinale. En attendant, le café est prêt.

La sortie de la maison. Une fois le constat fait qu'il n'y a plus personne dans la maison, le chauffage est baissé, les lumières éteintes, le gaz fermé et tous

...ARRIVENT...

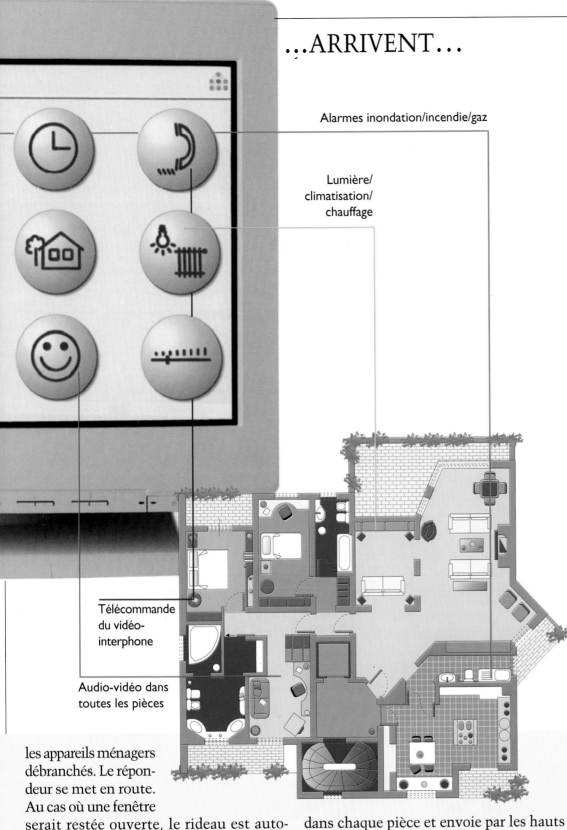

Alarmes inondation/incendie/gaz

Lumière/
climatisation/
chauffage

Télécommande
du vidéo-
interphone

Audio-vidéo dans
toutes les pièces

Petit dictionnaire du futur au quotidien

HOFF TEDD, MAZOR STANLEY ET FAGGIN FEDERICO Les deux premiers (américains) l'ont imaginé, le troisième (italien) l'a réalisé. On leur doit la réalisation du "microchip". On a donné une place au musée des célébrités de l'Ohio à ces pionniers du premier microprocesseur (appelé 4 004) ; ce musée est dédié aux inventions fondamentales qui ont changé le XXe siècle. Plus tard, nous aurons tous un anneau au doigt, il s'appellera Java Ring et il fera ouvrir la porte d'un bureau ou de la maison, enregistrer qui sort et à quelle heure, transmettre le mot de passe à l'ordinateur, entrer sur Internet, donner des ordres personnalisés à sa propre voiture etc.

INTERNET Le grand réseau qui rendra toujours plus petit le monde

LAVE-LINGE Il saura reconnaître la nature du tissu, il décidera "tout seul" de la température de l'eau, la quantité de lessive et la durée du lavage. Relié à un ordinateur, on pourra le contrôler à distance et, en cas de panne, "il" appellera lui-même le réparateur.

SOURIS OPTIQUE Sans mains, il suffira de déplacer les yeux pour se déplacer sur l'écran de l'ordinateur, grâce à une micro caméra qui reconnaît les mouvements de la rétine.

IL NE mange pas et ne salit pas mais il aboie, en l'absence de ses maîtres, si un intrus pénètre dans l'appartement. C'est le chien de garde électronique qui fonctionne 24 heures sur 24. Pour la partie sonore, on peut opter pour un ou plusieurs chiens qui aboient en groupe.

les appareils ménagers débranchés. Le répondeur se met en route. Au cas où une fenêtre serait restée ouverte, le rideau est automatiquement baissé. Quelques minutes plus tard, les portes du garage et la barrière principale d'accès sont bloquées, la fonction antivol et l'installation d'irrigation s'enclenchent.

En cas d'urgence. Un capteur décèle d'éventuelles fuites de gaz dans la cuisine. Le central cherche quelques indications prouvant la présence de personnes dans chaque pièce et envoie par les haut parleurs installés dans chaque pièce un message vocal : "Attention, il y a une fuite de gaz. Dépêchez-vous d'aérer la cuisine sans allumer la lumière ou d'autres appareils électriques". Si les fenêtres ne sont pas ouvertes dans les trois minutes, le téléphone envoie un appel d'urgence aux pompiers et au téléphone portable du propriétaire de l'appartement.

(suite page 20)

LUNETTES Fabriquées en nickel-titane, elles deviendront indestructibles. On pourra s'asseoir dessus ou les écraser avec les mains, elles reprendront leur forme d'origine.

PING-PONG Il sera virtuel et, grâce à un viseur sur les yeux, on touchera la balle imaginaire avec la raquette-joystick.

QUAND arriveront toutes ces nouveautés ? Certains objets sont déjà en vente, d'autres en projet. Pour beaucoup, il faudra encore attendre.

ROBOT-ASCENCEUR Il reliera la surface de la terre et une station spatiale en orbite fixe autour de la terre.

CHAUSSURES Elles calculeront la vitesse et la distance parcourue et elles signaleront même lorsqu'il est temps de les ressemeler.

TÉLÉVISION Évolution vers des mega-écrans et de la vidéo-murale de 2-3 m.

BUREAU Il sera entièrement dans un ordinateur de poche, à peine plus grand qu'un réveil. Actionné par la voix, il contiendra un téléphone cellulaire et sera relié à Internet. Avec des lunettes-écran spéciales, on pourra agrandir les données et ainsi mieux les lire.

VÊTEMENTS Ils modifieront les prestations thermiques en fonction du temps. Muni de capteur, le même tissu deviendra chaud en hiver et frais en été.

ZOOM Le miroir sera un écran. Une caméra projettera les images du visage sur lequel on pourra zoomer à volonté. Doté de capteurs, on pourra lire, sur le "miroir", un check-up complet avec des données sur le poids, l'humeur et la tension artérielle.

... DANS LE IIIᵉ MILLÉNAIRE

Dans la cuisine, on trouvera dans quelques années le réfrigérateur "intelligent". Grâce à son ordinateur interne on pourra le programmer et lui communiquer nos habitudes alimentaires. Le réfrigérateur enregistrera ces informations et nous avertira chaque fois qu'il manquera quelque chose de notre "menu" personnalisé. Il pourra aussi nous signaler la date de péremption des produits et, s'il est relié à Internet, il pourra faire les courses dans un supermarché virtuel. Enfin, le jour de notre anniversaire, il mettra une bouteille de champagne au frais dans le compartiment des boissons. Le prototype est déjà prêt. Il suffit d'attendre quelques années et ce cerveau efficace sera prêt à entrer dans nos maisons.

Deux œufs. Brouillés ou magnétiques ?

La plaque de cuisson qui permet de cuire les aliments grâce à un champ magnétique et, de ce fait, se substitue à la gazinière est déjà produite en France. Le magnétisme réussit à produire une chaleur suffisante pour chauffer les casseroles et les poêles et ainsi résout le danger de fuite de gaz et d'explosions. La chaleur est transmise directement à la casserole, alors que la plaque reste froide. Grâce à ce nouveau système, les temps de cuisson sont même réduits : par exemple, pour faire bouillir un litre d'eau deux minutes suffisent, alors qu'il en faut six actuellement. De plus, une fois retirée de la plaque, la casserole se refroidit immédiatement et ainsi nous met à l'abri de brûlures. La plaque magnétique est dotée d'un capteur et d'un transistor. Le matériau de la casserole devra être sensible aux champs magnétiques, soit en fonte soit en acier émaillé et inox.

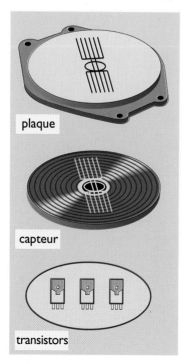

plaque

capteur

transistors

Voyager dans le IIIe millénaire

La vie dans un futur proche est destinée à changer
dans chaque secteur, y compris dans celui des
transports.
Des avions supersoniques trois fois plus rapides
que ceux d'aujourd'hui, des navires aussi rapides
que des canots à moteurs, des trains semblables
à des avions et des voitures "intelligentes".
Le futur promet une révolution dans les
transports : leur vitesse, leur confort et leur
sécurité augmenteront ; on réduira la pollution
et le gaspillage d'énergie.
Voyons quels seront les moyens de transport
dans les années 2000.

LES "SUPERTRAINS" ARRIVENT

D'ici quelques années, la locomotive à vapeur, qui appartient déjà au transport du passé, ressemblera à une espèce de dinosaure métallique, perdu dans la préhistoire et associée de loin aux trains qui roulaient à toute allure sur les lignes ferroviaires.

En fait, le train à lévitation magnétique arrive ; il est capable de rouler à 500 km/h et de couvrir une distance équivalente à Paris-Lyon en une heure. Pour atteindre une telle vitesse, le train du XXIe siècle ne dépendra plus de la poussée d'un moteur, mais il utilisera un nouveau système basé sur l'exploitation de très puissants champs magnétiques. Les nouvelles voies ferrées seront faites de bobines électromagnétiques qui réagiront avec celles situées sous le train : en inversant à grande vitesse les directions des flux de courant, on obtiendra les impulsions qui donneront de la vitesse au convoi.

Toujours sous l'effet des champs magnétiques, la locomotive et les wagons ne toucheront jamais le rail (en effet, il n'y en aura plus qu'un seul) et ils circuleront suspendus à quelques centimètres du sol.

HIER
Train électrique
des années 1950

Zoom
Pourquoi ?
Qui ?
Où ?
Quand ?
Comment ?

LES RECORDS DE LA VOIE FERRÉE

En 1936, le record de vitesse ferroviaire appartenait à l'Italie : un train électrique avait réussi à rouler de Parme à Plaisance à la vitesse de 203 km/h. Dans les années 1960, les Japonais ont obtenu un nouveau record en atteignant les 400 km/h. Puis, ce fut le tour des Français, qui avec le train à grande vitesse (TGV) ont dépassé les 500 km/h (la vitesse de croisière commerciale dépassant 300 km/h). Aujourd'hui, le champion de la vitesse est le train japonais à lévitation magnétique, capable d'atteindre 530 km/h, sans conducteur. Il se conduit avec une télécommande, comme un grand jouet très sophistiqué.

VOIE 2000, EN VOITURE… ON S'ENVOLE

Le super train du futur s'appelle Maglev (mag = magnétique, lev = lévitation). Il aura la même forme que le train, mais il se déplacera plutôt comme un avion et le terme "ferroviaire" aura presque disparu. On ne pourra plus parler de "voie ferrée" puisque le rail sera devenu unique. En réalité, le rail ne pourra même pas s'appeler ainsi, puisque le Maglev est un train sans roue. Il n'aura donc aucun contact avec le sol, mais il "volera" à environ 10 cm au-dessus du rail. Le Maglev pèsera 900 t et, pour parcourir 500 km, il lui faudra une heure.

Zoom
Pourquoi ?
Qui ?
Où ?
Quand ?
Comment ?

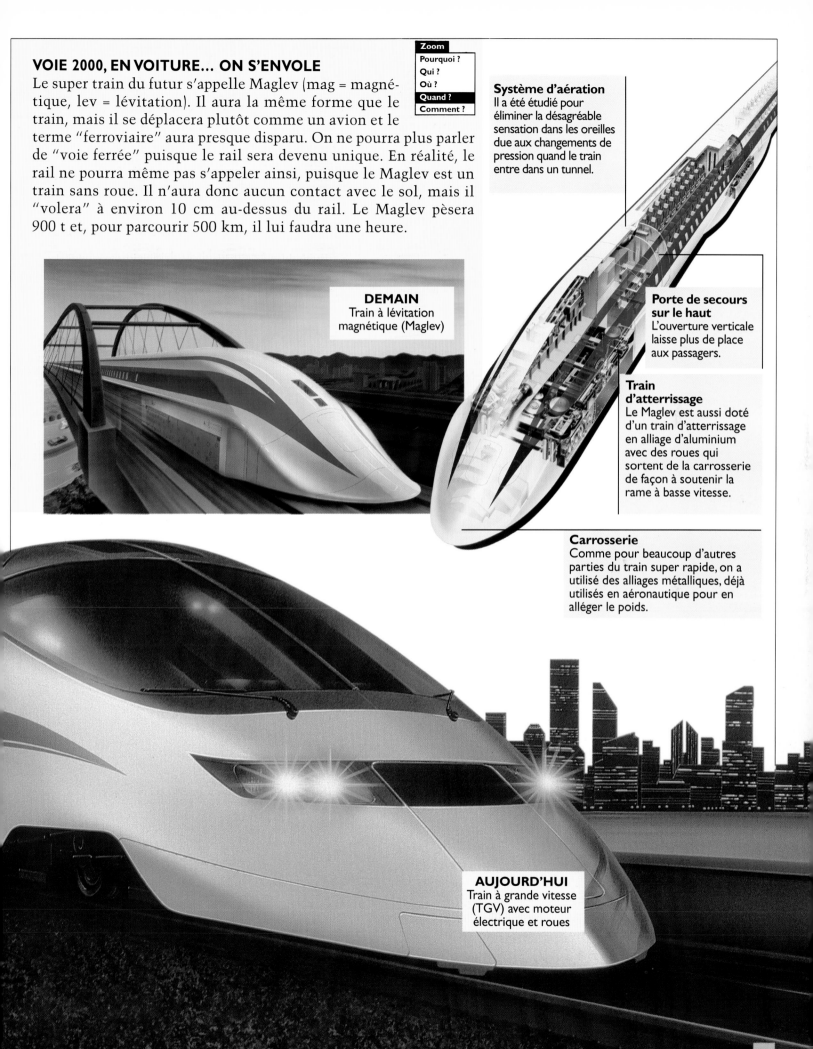

DEMAIN
Train à lévitation magnétique (Maglev)

Système d'aération
Il a été étudié pour éliminer la désagréable sensation dans les oreilles due aux changements de pression quand le train entre dans un tunnel.

Porte de secours sur le haut
L'ouverture verticale laisse plus de place aux passagers.

Train d'atterrissage
Le Maglev est aussi doté d'un train d'atterrissage en alliage d'aluminium avec des roues qui sortent de la carrosserie de façon à soutenir la rame à basse vitesse.

Carrosserie
Comme pour beaucoup d'autres parties du train super rapide, on a utilisé des alliages métalliques, déjà utilisés en aéronautique pour en alléger le poids.

AUJOURD'HUI
Train à grande vitesse (TGV) avec moteur électrique et roues

23

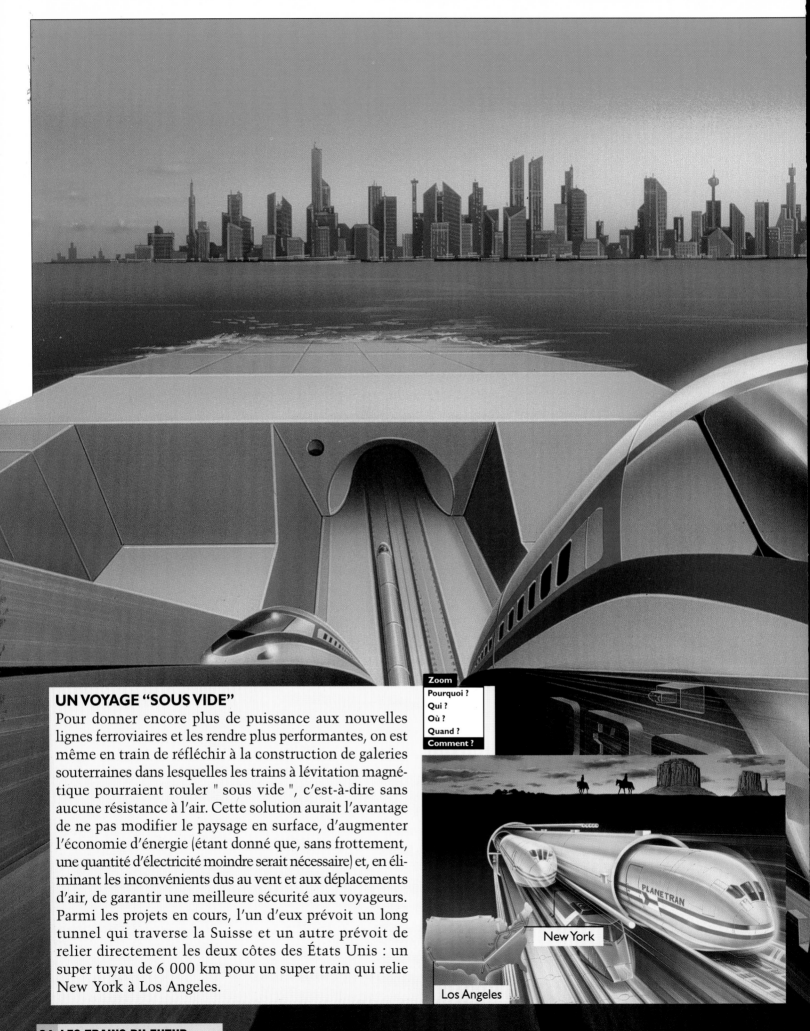

UN VOYAGE "SOUS VIDE"

Pour donner encore plus de puissance aux nouvelles lignes ferroviaires et les rendre plus performantes, on est même en train de réfléchir à la construction de galeries souterraines dans lesquelles les trains à lévitation magnétique pourraient rouler " sous vide ", c'est-à-dire sans aucune résistance à l'air. Cette solution aurait l'avantage de ne pas modifier le paysage en surface, d'augmenter l'économie d'énergie (étant donné que, sans frottement, une quantité d'électricité moindre serait nécessaire) et, en éliminant les inconvénients dus au vent et aux déplacements d'air, de garantir une meilleure sécurité aux voyageurs. Parmi les projets en cours, l'un d'eux prévoit un long tunnel qui traverse la Suisse et un autre prévoit de relier directement les deux côtes des États Unis : un super tuyau de 6 000 km pour un super train qui relie New York à Los Angeles.

Zoom
Pourquoi ?
Qui ?
Où ?
Quand ?
Comment ?

PLANETRAN

New York

Los Angeles

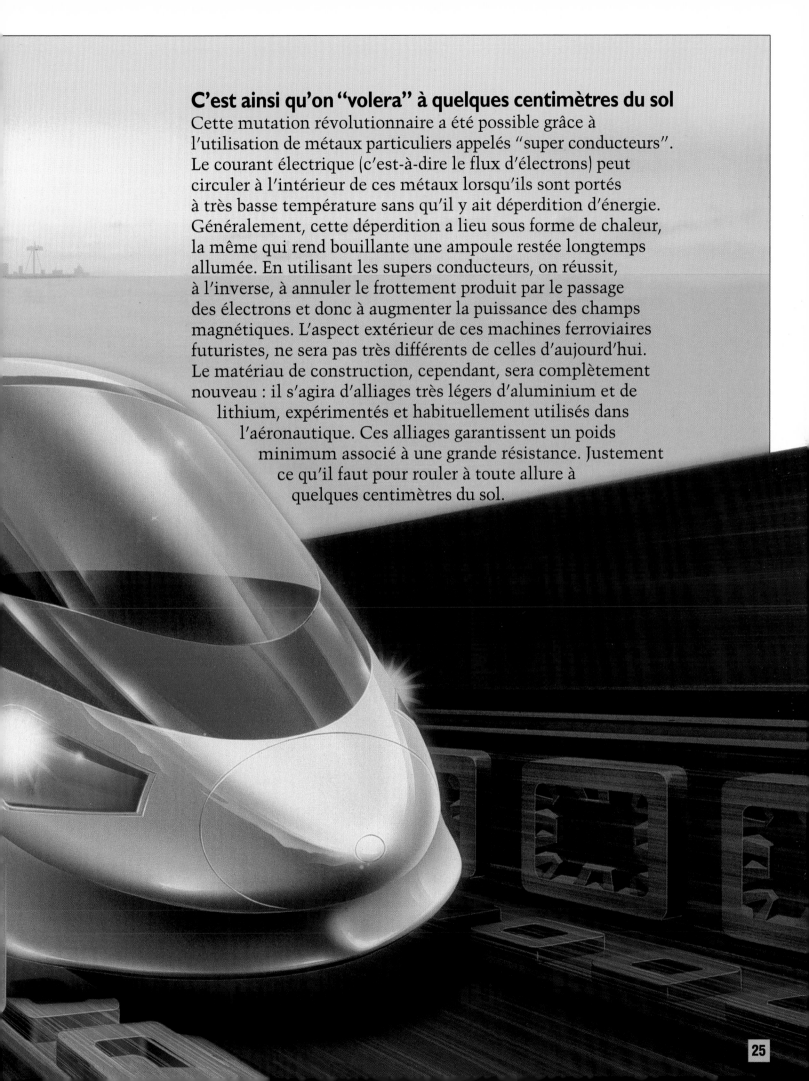

C'est ainsi qu'on "volera" à quelques centimètres du sol

Cette mutation révolutionnaire a été possible grâce à l'utilisation de métaux particuliers appelés "super conducteurs". Le courant électrique (c'est-à-dire le flux d'électrons) peut circuler à l'intérieur de ces métaux lorsqu'ils sont portés à très basse température sans qu'il y ait déperdition d'énergie. Généralement, cette déperdition a lieu sous forme de chaleur, la même qui rend bouillante une ampoule restée longtemps allumée. En utilisant les supers conducteurs, on réussit, à l'inverse, à annuler le frottement produit par le passage des électrons et donc à augmenter la puissance des champs magnétiques. L'aspect extérieur de ces machines ferroviaires futuristes, ne sera pas très différents de celles d'aujourd'hui. Le matériau de construction, cependant, sera complètement nouveau : il s'agira d'alliages très légers d'aluminium et de lithium, expérimentés et habituellement utilisés dans l'aéronautique. Ces alliages garantissent un poids minimum associé à une grande résistance. Justement ce qu'il faut pour rouler à toute allure à quelques centimètres du sol.

VOLER À MACH 3

Si le train devient aussi rapide qu'un avion, l'avion ne veut
pas faire moins qu'une navette spatiale et il se prépare
à être rénové à l'approche du nouveau siècle.
Des avions de ligne supersoniques, c'est-à-dire capables
de voler plus vite que la vitesse du son, sont en préparation
pour les années 2000 et ils pourront aller de Paris à Los
Angeles en à peine plus de 3 h, contre 10 actuellement.
Même le légendaire Concorde (le premier avion de
l'aviation civile à dépasser le mur du son, capable
de transporter des voyageurs de Paris à New York
en 4 h) paraîtra lent par rapport à la nouvelle génération
d'avions qui est sur le point de faire partie de notre vie.

LE SAVIEZ-VOUS ?

■ **VITESSE DU SON** : elle oscille entre 320 et 360 m/s. La variation dépend de la température, de la pression, de l'humidité de l'air et de l'altitude.

■ **MACH** : en aéronautique, le chiffre de Mach indique la vitesse d'un avion par rapport à la vitesse du son. La vitesse du son dépassée, on ajoute un chiffre.

■ **MACH 1** correspond à environ 1 150 km/h (1 220 km/h au niveau de la mer, 1 050 km/h à 1 150 m d'altitude).

■ **MACH 2** est la vitesse de croisière du Concorde à 16 000 m d'altitude (cela correspond à environ 2 300 km/h). Le Concorde est actuellement l'avion civil le plus rapide du monde et il peut transporter 144 passagers.

■ **MACH 3** est la vitesse que pourraient atteindre les avions supersoniques du futur, ce qui veut dire plus de 3 000 km/h et trois fois la vitesse du son.

■ **MACH 26** est la vitesse que pourrait atteindre l'avion spatial (croisement entre un avion et une navette spatiale prévu pour 2020-2030) : une vitesse d'environ 30 000 km/h, équivalant à 26 fois la vitesse du son.

■ **VITESSE DES OISEAUX** : Martinets (170 km/h), Canard (120/130), Faucon (100), Cigogne (90), Pigeon (80), Hirondelles (71), Perdrix (70), Vautour (65), Mouette (54), Corneille (40), Moineau (36).

VOLER EN SOUS-SOL

Le futur ne regarde pas seulement vers le haut, mais aussi vers le bas. Plus précisément vers le sous-sol. Comme pour les trains, on pense aussi pour les avions à construire des tunnels souterrains qui fonctionneraient comme des galeries de jonction entre deux villes. L'aéroplane, qui pour l'occasion serait rebaptisé "géoplane", se déplacerait à la vitesse de 600 km/h et il serait maintenu au centre de la galerie par des capteurs électroniques sophistiqués, à peu près à 1 m des parois. Même les aéroports seraient construits sous terre, et pas forcément éloignés du centre ville. Il sera ainsi plus facile de s'y rendre : il suffira de prendre un ascenseur et de descendre quelques étages.

Zoom
Pourquoi ?
Qui ?
Où ?
Quand ?
Comment ?

"Extra-large", confortable, "propre" et sûr

L'avancée dans la qualité accomplie par les ingénieurs et les constructeurs concerne d'abord les matériaux de fabrication des nouveaux appareils : les nouvelles structures seront en bonne partie constituées de matériaux mixtes qui résistent à des températures supérieures à 180 °C. Pour diminuer le frottement de l'air, les ailes seront équipées de panneaux spéciaux en titane et d'une multitude de petits trous. Les moteurs seront aussi nouveaux, et, plus évolutifs, ils ne nous permettront pas simplement de voler plus vite mais ils réduiront notablement le bruit et l'émission des gaz polluants : aujourd'hui, le Concorde produit l'équivalent de 40 grammes d'oxyde d'azote par kilo de carburant, demain, la quantité d'oxyde d'azote sera réduite à 5 petits grammes. En général, l'atmosphère de notre planète en retirera un bénéfice, puisque justement, une des causes de son réchauffement actuel sont les gaz d'échappement des avions.

Mais les nouveautés ne s'arrêtent pas là. Les dimensions intérieures des véhicules augmenteront et pourront accueillir une plus grande quantité de marchandises et plus de passagers.

Ces derniers, ensuite, auraient à leur disposition tout le confort pour voyager agréablement et communiquer avec le reste du monde. Chaque place aura son téléphone satellitaire et un écran à cristaux liquides sur lequel il pourra voir les films ou les images d'un CD-ROM. Il ne manquera pas non plus de salles de restaurant spacieuses et des zones réservées

---

Zoom
Pourquoi ?
Qui ?
Où ?
Quand ?
Comment ?

AILES PANORAMIQUES

En attendant l'arrivée des jets supersoniques, l'industrie aéronautique s'apprête à inaugurer les "superjumbo". Il s'agit d'avions avec des moteurs traditionnels qui ne peuvent pas dépasser la vitesse du son, mais capables de transporter jusqu'à 800 passagers, qui pourront être répartis sur deux étages. Le prix de l'originalité peut être décerné à un projet de l'aviation américaine qui travaille à la construction d'un avion à l'aile ventrue, à l'intérieur de laquelle on trouverait des ponts panoramiques pour permettre aux voyageurs de mieux apprécier le paysage de la terre vu du ciel.

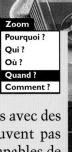

XXIᵉ siècle
Les avions du futur sont aussi imaginés avec des formes nouvelles.
À gauche, le Ring Wing, avec la surface des ailes circulaires. Les deux ailes en forme de cercle sont reliées à la queue verticale afin d'alléger le poids.

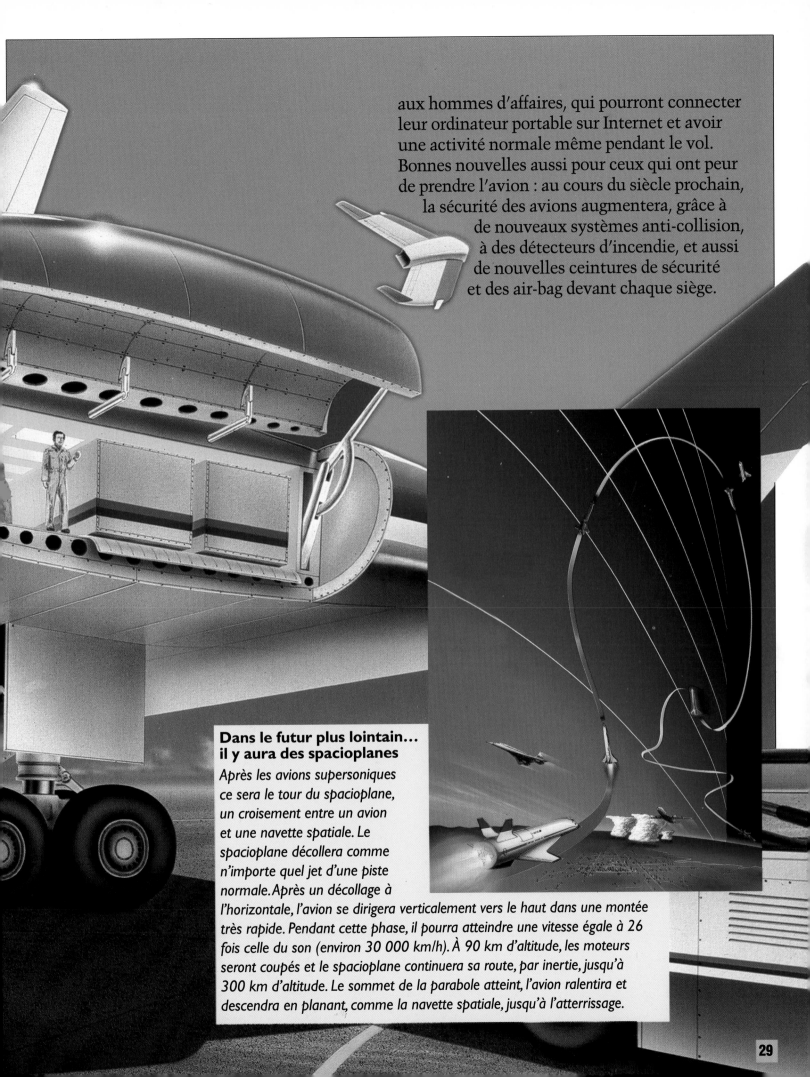

aux hommes d'affaires, qui pourront connecter leur ordinateur portable sur Internet et avoir une activité normale même pendant le vol. Bonnes nouvelles aussi pour ceux qui ont peur de prendre l'avion : au cours du siècle prochain, la sécurité des avions augmentera, grâce à de nouveaux systèmes anti-collision, à des détecteurs d'incendie, et aussi de nouvelles ceintures de sécurité et des air-bag devant chaque siège.

Dans le futur plus lointain... il y aura des spacioplanes

Après les avions supersoniques ce sera le tour du spacioplane, un croisement entre un avion et une navette spatiale. Le spacioplane décollera comme n'importe quel jet d'une piste normale. Après un décollage à l'horizontale, l'avion se dirigera verticalement vers le haut dans une montée très rapide. Pendant cette phase, il pourra atteindre une vitesse égale à 26 fois celle du son (environ 30 000 km/h). À 90 km d'altitude, les moteurs seront coupés et le spacioplane continuera sa route, par inertie, jusqu'à 300 km d'altitude. Le sommet de la parabole atteint, l'avion ralentira et descendra en planant, comme la navette spatiale, jusqu'à l'atterrissage.

MOITIÉ VOITURE, MOITIÉ ORDINATEUR

Des voitures "intelligentes", capables de choisir les meilleurs trajets et même de se conduire toutes seules : grâce au développement de l'appareillage électronique, dans quelques années les routes et autoroutes seront remplies de "super-ordinateurs" à quatre roues.

Mais la première des nouveautés en ce qui concerne les voitures "qui arrivent", concerne par-dessus tout le moteur. Le moteur électrique sera plus répandu, déjà essayé depuis des années et utilisé par certains moyens de transports urbains. Les voitures électriques fonctionnent et elles ne polluent pas, mais elles ont peu d'autonomie :

avec un "plein" d'électricité, elles ne font en fait qu'une centaine de kilomètres. C'est pour cette raison qu'on a pensé à créer un moteur "mixte", c'est-à-dire doté d'une batterie électrique et d'un moteur à explosion : ce dernier entre en action quand la voiture est déjà en marche ; elle apporte plus de puissance au véhicule et recharge la batterie. La solution du moteur mixte pourrait devenir une solution idéale, tout en conservant le réseau des distributeurs d'essence, elle nous garantirait, en même temps, un système de transport plus "propre", moins dommageable pour notre environnement.

La voiture du futur sera un mixte de haute technologie et d'intelligence artificielle. Pour contrôler sa position et choisir un trajet on utilisera le GPS (Global Positioning System), un système satellitaire créé, à l'origine, pour les militaires.

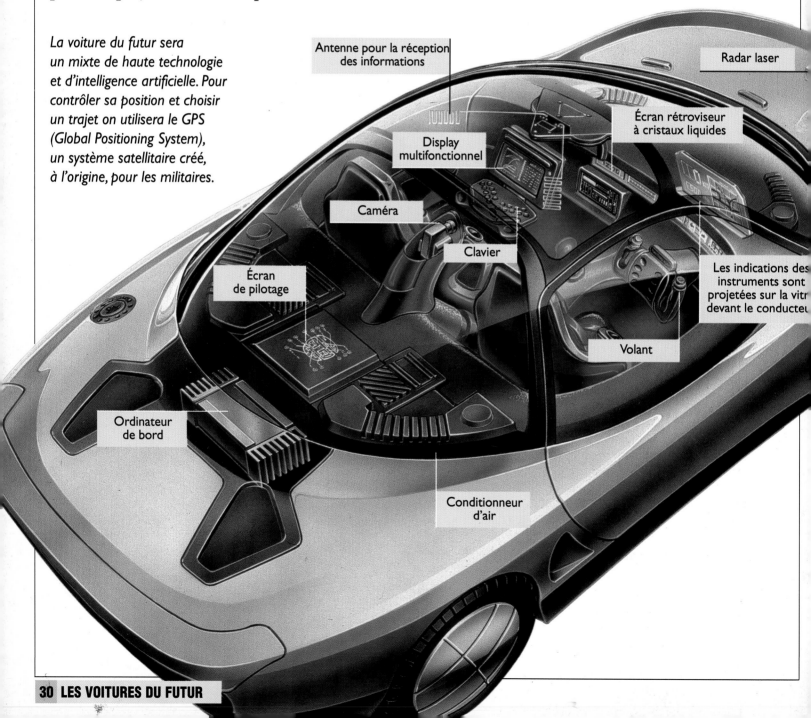

Antenne pour la réception des informations

Radar laser

Display multifonctionnel

Écran rétroviseur à cristaux liquides

Caméra

Clavier

Écran de pilotage

Les indications des instruments sont projetées sur la vitr devant le conducteu

Volant

Ordinateur de bord

Conditionneur d'air

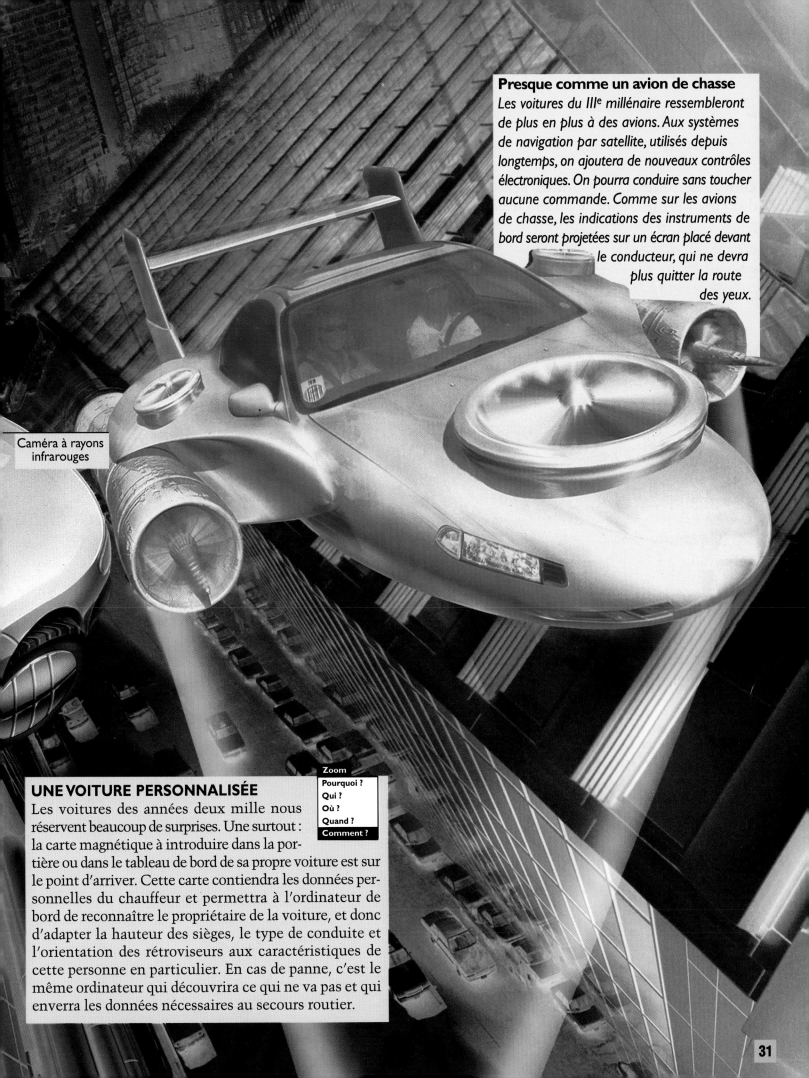

Presque comme un avion de chasse
Les voitures du IIIe millénaire ressembleront de plus en plus à des avions. Aux systèmes de navigation par satellite, utilisés depuis longtemps, on ajoutera de nouveaux contrôles électroniques. On pourra conduire sans toucher aucune commande. Comme sur les avions de chasse, les indications des instruments de bord seront projetées sur un écran placé devant le conducteur, qui ne devra plus quitter la route des yeux.

Caméra à rayons infrarouges

Zoom
Pourquoi ?
Qui ?
Où ?
Quand ?
Comment ?

UNE VOITURE PERSONNALISÉE

Les voitures des années deux mille nous réservent beaucoup de surprises. Une surtout : la carte magnétique à introduire dans la portière ou dans le tableau de bord de sa propre voiture est sur le point d'arriver. Cette carte contiendra les données personnelles du chauffeur et permettra à l'ordinateur de bord de reconnaître le propriétaire de la voiture, et donc d'adapter la hauteur des sièges, le type de conduite et l'orientation des rétroviseurs aux caractéristiques de cette personne en particulier. En cas de panne, c'est le même ordinateur qui découvrira ce qui ne va pas et qui enverra les données nécessaires au secours routier.

Tout sur l'auto qui pense à tout

Les vrais surprises viendront de la technologie intérieure des voitures. Bientôt les tableaux de bord de nos voitures pourront ressembler aux standards informatisés des avions. Il existe déjà depuis quelque temps un système de "navigation" qui visualise sur un écran la carte routière de l'endroit où nous circulons et qui nous indique le trajet le plus court pour arriver à destination. On pourra lui ajouter des informations sur la circulation et l'état des routes, en plus de la distance des stations services. Changement de vitesse et embrayage disparaîtront de beaucoup de modèles et seront remplacés par des boutons placés sur le volant, vraiment comme sur les voitures de Formule 1. Le changement de vitesse se fera soit à la main soit automatiquement, selon l'envie de celui qui conduit. La sécurité aussi augmentera : les "Airbag" intelligents seront parmi nous, capables d'évaluer l'impact d'un accident et de décider le déclenchement ou non. Une caméra contrôlera les paupières du chauffeur et l'avertira s'il a une fatigue momentanée. De plus, grâce à des systèmes radar, l'ordinateur de bord pourra mesurer la distance entre les voitures et maintenir la vitesse adaptée à chaque situation. La carrosserie aussi pourra changer et être "révolutionnée" par l'emploi de nouveaux matériaux : des alliages particuliers de métaux,

qui, lorsque chauffés à des températures même basses, reprennent leur forme initiale après avoir subi des déformations ou des dommages. Si l'on réussit à utiliser ces alliages pour construire les voitures du futur, il ne sera plus nécessaire d'aller chez le carrossier pour réparer les bosses, il suffira de chauffer la voiture avec un appareil et les dégâts se répareront tout seul.

Un voyage "intelligent" se déroulera-t-il ainsi ?

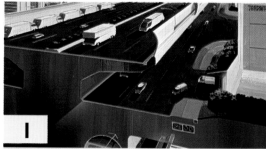

En dehors de la ville il y aura des routes réservées aux transports lourds (bus, camion etc.). Dans les centres urbains le transport des marchandises se fera grâce à des voitures-robot électriques.

On préparera des voies appropriées pour les voitures à pilote automatique, pour augmenter le volume de la circulation et améliorer le bien être des voyageurs.

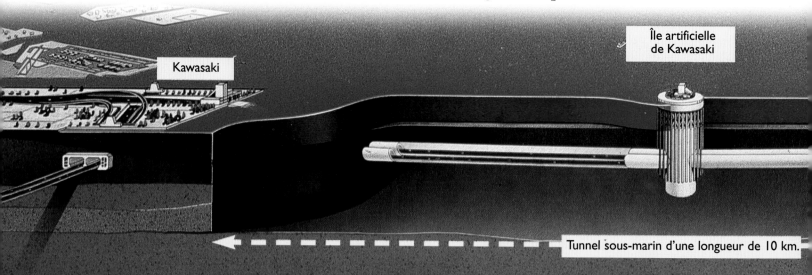

Kawasaki

Île artificielle de Kawasaki

Tunnel sous-marin d'une longueur de 10 km.

2

Les axes principaux seront dotés de capteurs au bord des routes. Reliés aux ordinateurs de bord, ils pourront donner de plus amples informations concernant le trafic routier et la sécurité.

3 Les transports en commun auront une banque de données permettant de connaître les temps d'attente et les informations sur le réseau.

Sur de grands écrans multividéo, les contrôleurs de la circulation recueilleront les données concernant le réseau routier, grâce à des capteurs le long des routes. Ces mêmes informations seront fournies aux ordinateurs de bord des véhicules particuliers, permettant aux automobilistes d'éviter les embouteillages.

6

5

La représentation ci-dessous s'appelle "**Aqualine** Tokio-bay" et c'est une autoroute à péage de 15 km. Elle part du littoral de Kisarazu avec un pont d'environ 5 km, pour se poursuivre ensuite de l'île artificielle de Kisarazu jusqu'au littoral de Kawasaki avec un tunnel sous-marin d'environ 10 km. Parmi les réalisations de ce type, celle de la baie de Tokyo, avec un diamètre de 14,14 m, est la plus grande du monde. La galerie est composée de deux tunnels, un pour chacun des sens de circulation. En longeant la baie, la distance entre le centre de Kisarazu et celui de Kawasaki est de 110 km. Avec Acqualine, il n'y en a plus que 30.

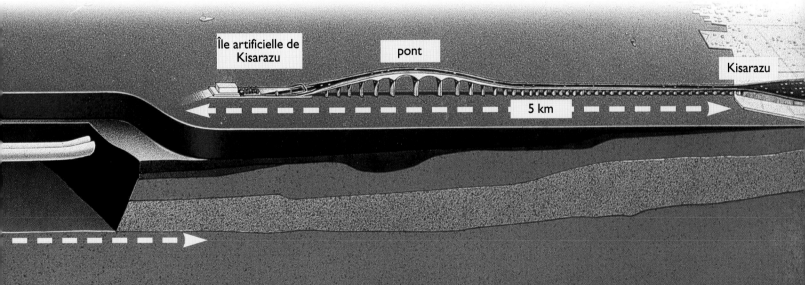

Île artificielle de Kisarazu

pont

Kisarazu

5 km

LE SAVIEZ-VOUS ?

Le Catamaran : Sans hélice ni moteur, c'est un bateau aux caractéristiques suivantes :

- ◼ **LONGUEUR** : 30 m
- ◼ **LARGEUR** : 14 m
- ◼ **POIDS** : 280 t
- ◼ **CAPACITÉ** : 10 personnes
- ◼ **VITESSE MAXIMALE** : 100 nœuds (180 km/h)
- ◼ **NOM** : Yamato 1
- ◼ **POUR LE RÉALISER**, il a fallu 8 ans de travail et un investissement d'environ 170 000 000 F.

SUR LES VOIES DE LA VITESSE

Les transports maritimes entrent également dans les années 2000. Les navires du nouveau millénaire seront plus rapides, plus silencieux et utiliseront de nouveaux moyens de propulsion. L'un d'eux s'inspire du même principe que celui utilisé pour les trains à lévitation magnétique, c'est-à-dire l'utilisation de matériaux super conducteurs. Une bobine constituée d'un matériau superconducteur situé sous le navire et traversé d'un courant électrique est capable de générer un fort champ magnétique. La force de ce champ est utilisée pour agir sur les molécules d'eau de la façon suivante : un jet puissant est canalisé à l'intérieur d'un conduit et produit une poussée qui fait se déplacer le bateau. Le principal avantage de ce système de navigation est la possibilité de

NAVIGATEURS DU FUTUR

Zoom
Pourquoi ?
Qui ?
Où ?
Quand ?
Comment ?

Le trafic naval est très important pour les échanges commerciaux internationaux : il suffit de penser aux pétroliers qui transportent le pétrole et qui ont parfois des charges allant jusqu'à 400 000 t. Les innovations dans le domaine de la navigation, donc, pourraient permettre de rendre plus rapides ces transports et de les automatiser, réduisant ainsi le nombre du personnel navigant et surtout, les risques auxquels sont exposés les marins pendant les traversées.

Les technologies que nous verrons bientôt employées dans le transport civil ont été développées à partir des années 1970 dans la marine militaire : grâce aux progrès obtenus, on espère réussir à construire des bateaux à grande vitesse qui puissent transporter 1 000 voitures et des centaines de passagers.

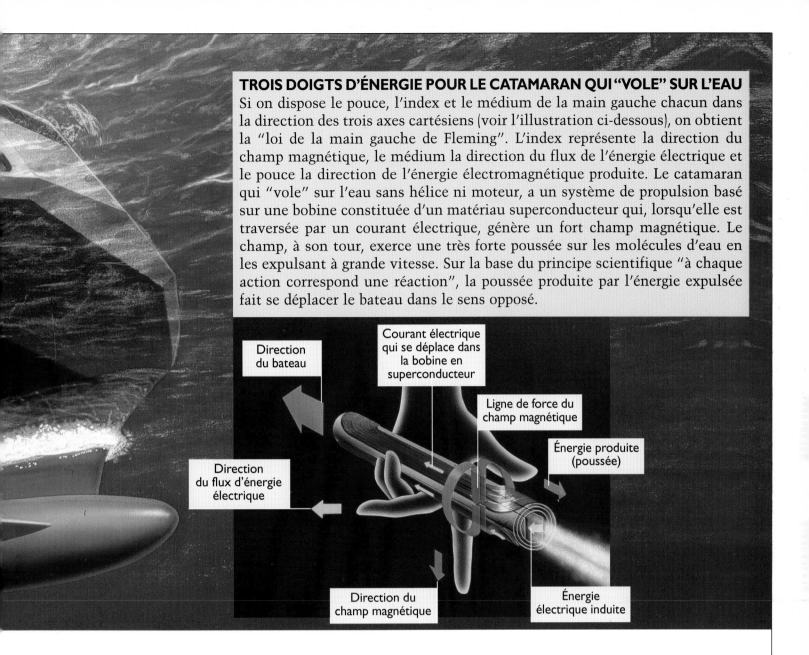

TROIS DOIGTS D'ÉNERGIE POUR LE CATAMARAN QUI "VOLE" SUR L'EAU

Si on dispose le pouce, l'index et le médium de la main gauche chacun dans la direction des trois axes cartésiens (voir l'illustration ci-dessous), on obtient la "loi de la main gauche de Fleming". L'index représente la direction du champ magnétique, le médium la direction du flux de l'énergie électrique et le pouce la direction de l'énergie électromagnétique produite. Le catamaran qui "vole" sur l'eau sans hélice ni moteur, a un système de propulsion basé sur une bobine constituée d'un matériau superconducteur qui, lorsqu'elle est traversée par un courant électrique, génère un fort champ magnétique. Le champ, à son tour, exerce une très forte poussée sur les molécules d'eau en les expulsant à grande vitesse. Sur la base du principe scientifique "à chaque action correspond une réaction", la poussée produite par l'énergie expulsée fait se déplacer le bateau dans le sens opposé.

Direction du bateau

Courant électrique qui se déplace dans la bobine en superconducteur

Ligne de force du champ magnétique

Énergie produite (poussée)

Direction du flux d'énergie électrique

Direction du champ magnétique

Énergie électrique induite

se passer d'hélices et de moteur et, par conséquent, d'éviter les bruits et les vibrations produits par les navires actuels. On en retirera aussi une notable augmentation de la vitesse : le premier bateau à propulsion magnétique réalisé au Japon a réussi à se déplacer à la vitesse de 100 nœuds, c'est-à-dire environ 180 km/h. Le problème de la vitesse est le problème majeur des transports maritimes : alors que tous les autres moyens de locomotion ont acquis au fur et à mesure des années une grande rapidité, les bateaux d'aujourd'hui se déplacent plus ou moins à la même vitesse qu'il y a une dizaine d'années. Le nouveau siècle devrait réussir à introduire la grande vitesse même sur les vagues des océans

et sur les grandes embarcations de transport. Parallèlement au système de propulsion magnétique, en fait, celui à propulsion à "hydrojet" est aussi dans une phase de perfectionnement : des moteurs aspirent l'eau par des bouches situées au fond du bateau et ils la rejettent avec une forte pression. La poussée obtenue par ce système permet au navire d'atteindre la vitesse de 92 nœuds, soit 170 km/h. Il est donc très probable que, d'ici quelques années, nous ayons à notre disposition des bateaux très rapides et que même les bateaux qui traversent l'océan diminuent sensiblement leur temps de traversée. En 1992, un bateau italien a battu le record de la traversée entre les États Unis et l'Angleterre en mettant 58 h et 35 min.

Un coussin d'air qui "expulse" de l'eau

Les embarcations à hydrojet se déplaceront sur un coussin d'air, comme les hovercrafts actuels. Par rapport aux bateaux existants, ils seront dotés de coques fermées hermétiquement qui empêchent la dispersion latérale du coussin. Avec ces coques, la flottaison sera améliorée et permettra d'économiser de l'énergie puisque, pour générer le coussin d'air, on pourra utiliser des moteurs moins puissants.

Il "crache" en poupe et il "tire" en proue

Sur les bateaux à hydrojet, le système de propulsion est semblable à celui des moteurs à réaction, mais, à la place de l'air, les moteurs aspirent de l'eau par des bouches situées au fond de l'embarcation. L'eau aspirée est ensuite expulsée avec une forte pression en poupe, ce qui permet au bateau d'avancer.

Zoom
Pourquoi ?
Qui ?
Où ?
Quand ?
Comment ?

LA PRINCESSE DES MERS

En attendant les bateaux du futur, le plus grand bateau de croisière jamais construit est déjà prêt : le *Grand Princess*. Cette gigantesque embarcation de 289 m de long, soit l'équivalent de trois stades de foot, et 52 m de haut, équivalant à un immeuble de 17 étages, pourra recevoir 3 100 passagers et 1 060 hommes d'équipage. Quant aux services pour les touristes, ils ne manqueront pas : il y aura un mini golf, des pharmacies, des centres commerciaux, trois restaurants, un hôpital, une scène, en plus des écrans de télévisions pour les films. La pièce maîtresse est la spectaculaire discothèque suspendue à 42 m au-dessus de la mer, avec des murs et un plafond transparents : on s'y sentira suspendu entre ciel et mer.

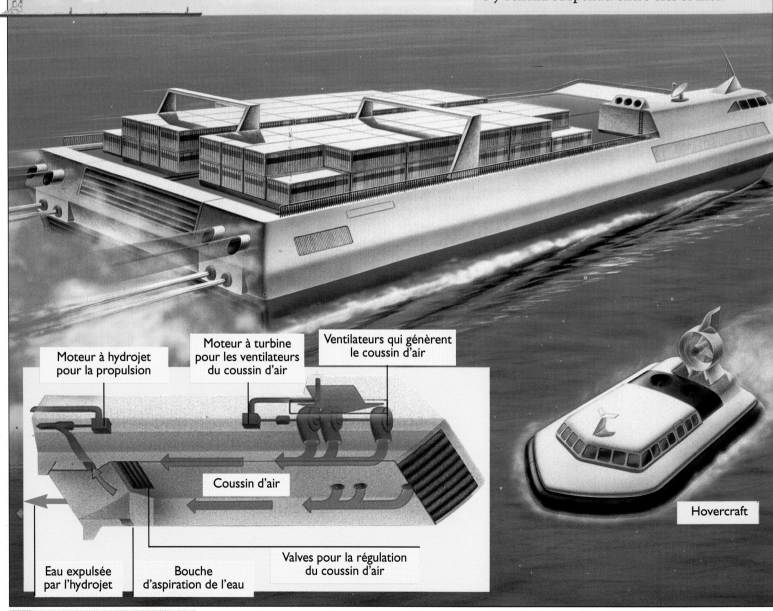

Moteur à hydrojet pour la propulsion

Moteur à turbine pour les ventilateurs du coussin d'air

Ventilateurs qui génèrent le coussin d'air

Coussin d'air

Eau expulsée par l'hydrojet

Bouche d'aspiration de l'eau

Valves pour la régulation du coussin d'air

Hovercraft

CHER ROBOT...

Depuis des siècles, l'homme cherche à construire des machines à son image. Maintenant, la technologie nous fait entrevoir un futur peuplé de robots : nous leur confierons les travaux fatigants ou dangereux, les tâches qui demandent une précision particulière, les entreprises les plus risquées comme l'exploration de nouvelles planètes. Mais les robots seront aussi à nos côtés pour résoudre les petits problèmes domestiques comme préparer le café, faire le ménage ou surveiller la maison pendant notre absence.

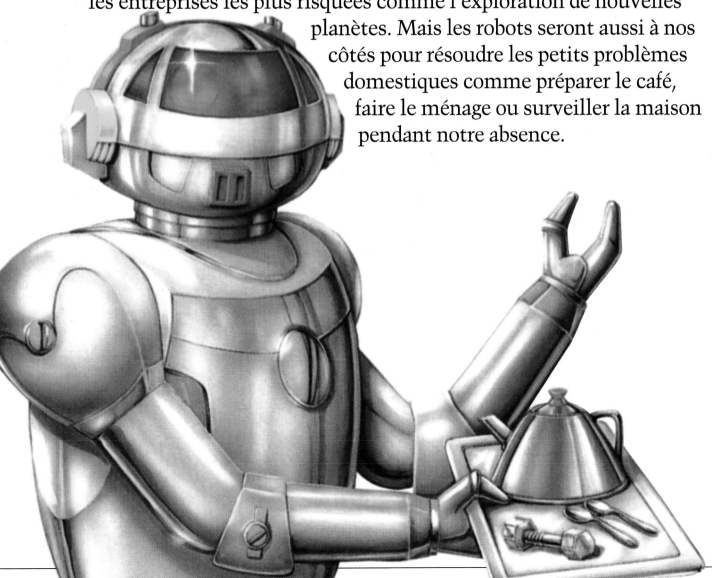

AUTOMATES D'HIER ET D'AUJOURD'HUI

L'idée de construire une machine capable de faire des travaux à la place de l'homme était déjà née chez un mathématicien d'Alexandrie en Égypte, au premier siècle après Jésus-Christ. Ce mathématicien s'appelait Héron. Il a écrit un traité dans lequel il imaginait la construction d'engrenages compliqués grâces auxquels les machines pourraient se déplacer seules. Personne, à cette époque, ne prit au sérieux ses théories et ainsi, quelques siècles passèrent avant que quelqu'un ne mette en pratique les idées qui avaient pour le moins semblé bizarre aux contemporains d'Héron. Pour entendre parler d'automates, il faut en fait faire un bond jusqu'au XVIIIᵉ siècle, le siècle au cours duquel sont nées les premières horloges, et avec elles, les premiers engrenages. En exploitant véritablement les ressorts et les roues qui faisaient fonctionner les horloges, certains artisans de l'époque ont réussi à construire trois automates d'une extraordinaire perfection, qui peuvent être considérés comme les ancêtres de nos robots modernes informatisés. Il s'agit de l'écrivain Charles, du dessinateur Henri et de la musicienne Marianne, trois poupées mécaniques qui, grâce à un système de ressorts, étaient capables d'exécuter une série bien précise de mouvements.

Marianne, la joueuse d'orgue de barbarie, levait et baissait la poitrine exactement comme si elle respirait, elle suivait des yeux ses doigts sur le clavier et à la fin de sa prestation, elle se penchait avec grâce pour recueillir les applaudissements du public.

Ces premiers automates étaient de petits chefs-d'œuvre d'artisanat mais, en réalité, ils n'étaient pas capables d'effectuer de véritables travaux : il s'agissait plutôt de jouets ingénieux, destinés à divertir celui qui les regardait.

LA JOUEUSE DE LUTH

Le plus vieil homme mécanique que l'on connaisse est celui construit en 1540 par l'Italien Gianello della Torre. Afin de divertir l'empereur Charles Quint, il conçu une joueuse de luth capable de pincer les cordes de son instrument et même de marcher. Environ deux siècles plus tard, l'horloger suisse Pierre Jacquet-Droz continua le travail commencé par Della Torre et construisit de magnifiques automates qui fonctionnaient grâce à des ressorts semblables à ceux utilisés pour les horloges.

| Zoom |
| Pourquoi ? |
| Qui ? |
| Où ? |
| Quand ? |
| Comment ? |

Bras d'homme et bras de fer : 7 à 5

Les mouvements du bras d'un robot peuvent en partie reproduire ceux du bras d'un homme. Le terme "degré de liberté" indique les mouvements libres des articulations. Le degré de liberté 1 signifie que seul un mouvement de rotation, flexion, extension ou contraction est possible. Plus le degré de liberté est élevé, plus les mouvements pouvant être exécutés sont complexes. Aujourd'hui, la majeure partie des robots industriels a dans le bras un degré de liberté compris entre 5 et 6. Un bras humain bouge dans trois directions jusqu'à la hauteur des épaules, dans une direction à hauteur du coude, dans trois directions à hauteur du poignet, soit un total de 7 ° de liberté.

CHAÎNE DE MONTAGE

Si les premiers robots industriels n'étaient capables que de déplacer un objet d'un point à un autre, au fur et à mesure des années, leurs capacités ont augmenté : ils sont devenus plus agiles et précis, ils peuvent tourner sur eux-mêmes, mémoriser les instructions reçues et même modifier leurs propres procédures en fonctions des besoins du moment. Un grand nombre de robots, chacun avec son propre rôle, forment une équipe, ou mieux, une "batterie" de travail devant lequel glisse un ruban qui transporte des pièces à vernir, émailler, coller etc. Enfin, le produit est prêt à l'expédition. Le travail des robots est sous la surveillance d'un contre-maître qui n'est autre qu'un ordinateur.

Zoom
Pourquoi ?
Qui ?
Où ?
Quand ?
Comment ?

Lève toi, marche et travaille : la parole suffit

Le terme "robot", tel que nous le comprenons aujourd'hui, vient en fait de la plume d'un écrivain tchécoslovaque (Karel Capek), auteur d'une comédie dont le thème était la science-fiction. Ce mot, depuis ce jour, désigne des machines semblables aux hommes et capables d'exécuter les travaux les plus pénibles et répétitifs. Nés de la fantaisie d'un écrivain des années 1920, ces automates étaient destinés à rentrer bien vite dans la réalité et avec leur naissance prenait forme le vieux rêve d'Héron.

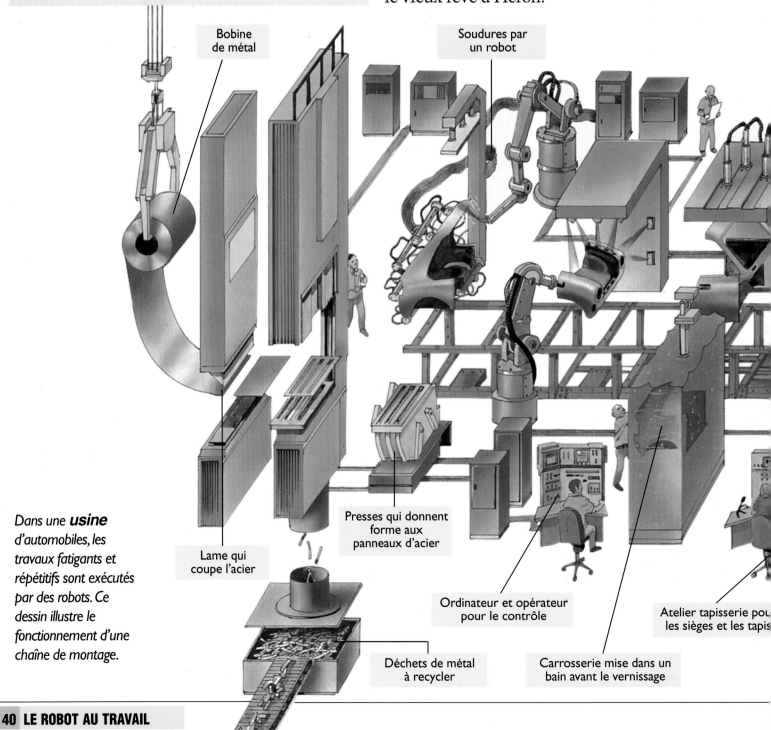

Bobine de métal

Soudures par un robot

*Dans une **usine** d'automobiles, les travaux fatigants et répétitifs sont exécutés par des robots. Ce dessin illustre le fonctionnement d'une chaîne de montage.*

Lame qui coupe l'acier

Presses qui donnent forme aux panneaux d'acier

Ordinateur et opérateur pour le contrôle

Atelier tapisserie pou les sièges et les tapis

Déchets de métal à recycler

Carrosserie mise dans un bain avant le vernissage

Z6-PO (le plus grand) et **R2-D2** (le plus petit), les deux robots "La Guerre des Étoiles"

DE L'OUVRIER À LA STAR DE CINÉMA

Nés de la fantaisie d'écrivains et de metteurs en scènes, de nombreux robots sont devenus célèbres comme acteurs d'histoires de science-fiction. Dans le film "La Guerre des Étoiles" Z6-PO est le robot doré ami de Luke Skywalker. Son ami, qui ressemble à un petit bidon, s'appelle R2-D2, très habile pour réparer des pannes mécaniques. Un autre ordinateur célèbre du grand écran s'appelle Hal, le grand ordinateur de bord de l'astronef de "2001, Odyssée de l'Espace".

Dans ce film, Hal combat les hommes de l'équipage et doit être désactivé pour éviter de plus graves dommages.

Un autre robot se rebelle contre les hommes dans le film "Le Monde des Robots", dans lequel on a imaginé un parc de loisirs peuplé de cow-boys automates. Les touristes s'amusent à les provoquer en duel et, naturellement, ils gagnent toujours. L'un d'eux, en revanche, ne résiste pas et décide de tirer plus vite que les touristes.

Zoom
Pourquoi ?
Qui ?
Où ?
Quand ?
Comment ?

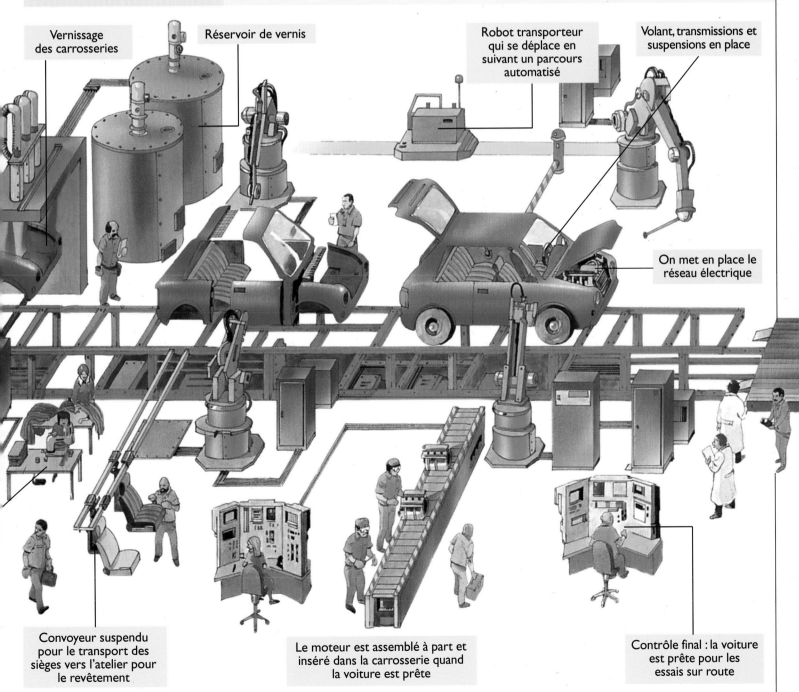

Vernissage des carrosseries

Réservoir de vernis

Robot transporteur qui se déplace en suivant un parcours automatisé

Volant, transmissions et suspensions en place

On met en place le réseau électrique

Convoyeur suspendu pour le transport des sièges vers l'atelier pour le revêtement

Le moteur est assemblé à part et inséré dans la carrosserie quand la voiture est prête

Contrôle final : la voiture est prête pour les essais sur route

DU DIVERTISSEMENT AUX "TRAVAUX DE FORCE"

Les robots, les vrais, ont été construits après la Seconde Guerre mondiale et ils ne ressemblaient pas vraiment aux humanoïdes intelligents imaginés par les écrivains ou les metteurs en scènes de films de science fiction. C'était des appareils très sophistiqués, dotés de bras mécaniques, mais ne ressemblant en rien aux êtres humains ou aux magnifiques poupées mécaniques construites au XVIIIᵉ siècle. Au cours de notre siècle, les robots n'ont plus été conçus pour divertir ou étonner un public, mais pour exécuter des travaux pénibles en usine, conformément à la signification littérale du nom inventé par l'écrivain tchécoslovaque. Grâce aux recherches faites par la cybernétique (une science qui, justement, concerne la création de machines qui reproduisent les mouvements humains), on a créé des automates dotés d'un bras désarticulé et d'une "main" (ou plutôt d'une pince métallique) capable de saisir ou de manipuler différents objets. Les mouvements du bras et de la main sont réglés par ordinateur, qui indique au robot quels déplacements effectuer et quelles opérations réaliser.

Ce n'est pas tout : grâce au développement des programmes informatiques, les machines sont aussi capables de s'adapter à l'environnement et de répondre, en quelque sorte, aux stimulations du monde extérieur. Ils ne sont pas encore capables de penser, mais ils savent s'arrêter ou changer de mouvement s'ils rencontrent un obstacle.

Le robot coupé en trois
Schématiquement, le fonctionnement d'un robot peut être décomposé en trois phases :
*Un système externe qui **donne les instructions** ;*
Un moteur qui lui permet de faire des mouvements ;
*Des dispositifs internes (capteurs) qui **les modulent et les corrigent.***
Les capteurs sont à leur tour dotés des éléments suivants : d'encodeurs, qui mesurent l'angle de rotation des articulations et de comptes tours, qui mesurent la vitesse de rotation des moteurs.
L'encodeur informe le système de contrôle transformant ainsi l'angle de rotation en impulsions électriques

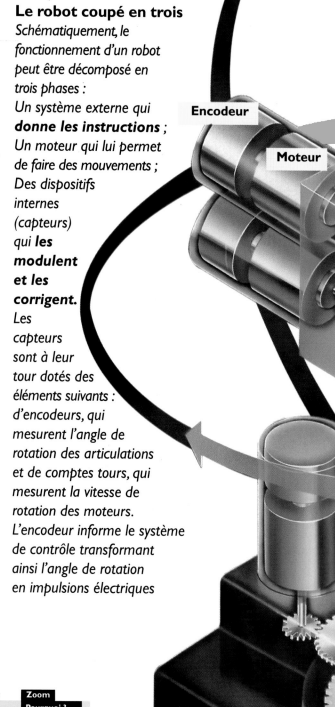

Encodeur

Moteur

Zoom
Pourquoi ?
Qui ?
Où ?
Quand ?
Comment ?

UN DÉFAUT DE MÉMOIRE

Un des problèmes des robots de la "première génération" concerne la mémoire. En tant qu'êtres humains, nous reconnaissons les objets parce qu'au cours de notre vie, nous les avons vus plusieurs fois ; nous avons compris à quoi ils servent et nous les avons emmagasinés dans notre mémoire. Le robot "parfait" devrait être capable de faire la même chose, mais il est très difficile de créer une mémoire artificielle suffisamment grande pour permettre à une machine de reconnaître n'importe quel objet que l'on placerait devant lui. C'est pour cette raison que les robots industriels limitent leur travail de montage à un petit nombre d'objets et à une série d'opérations limitées. Il s'agit, d'une certaine façon, d'ouvriers spécialisés.

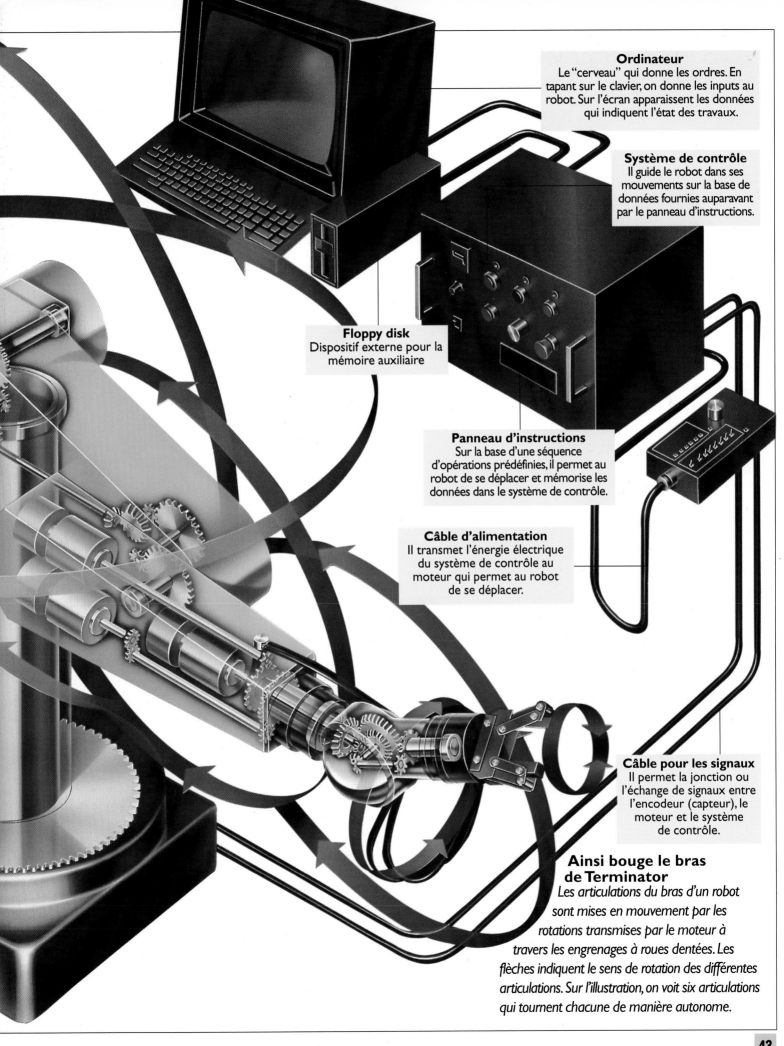

Ordinateur
Le "cerveau" qui donne les ordres. En tapant sur le clavier, on donne les inputs au robot. Sur l'écran apparaissent les données qui indiquent l'état des travaux.

Système de contrôle
Il guide le robot dans ses mouvements sur la base de données fournies auparavant par le panneau d'instructions.

Floppy disk
Dispositif externe pour la mémoire auxiliaire

Panneau d'instructions
Sur la base d'une séquence d'opérations prédéfinies, il permet au robot de se déplacer et mémorise les données dans le système de contrôle.

Câble d'alimentation
Il transmet l'énergie électrique du système de contrôle au moteur qui permet au robot de se déplacer.

Câble pour les signaux
Il permet la jonction ou l'échange de signaux entre l'encodeur (capteur), le moteur et le système de contrôle.

Ainsi bouge le bras de Terminator
Les articulations du bras d'un robot sont mises en mouvement par les rotations transmises par le moteur à travers les engrenages à roues dentées. Les flèches indiquent le sens de rotation des différentes articulations. Sur l'illustration, on voit six articulations qui tournent chacune de manière autonome.

Robots "courageux"

L'utilité des robots dans le travail industriel est importante. Ces machineries "intelligentes", en fait, peuvent remplacer l'homme quand il s'agit d'accomplir des tâches très fatigantes ou dangereuses pour la santé. Dans l'industrie automobile par exemple, les robots sont utilisés pour les soudures (où il y a risque d'incendie à cause de la chaleur) et pour la peinture (composée de matières toxiques).

De plus, le robot, justement parce qu'il est piloté par un ordinateur, est capable de reproduire toujours la même opération avec exactitude et c'est pour cette raison qu'il est souvent utilisé dans la fabrication de composants électroniques, activité dans laquelle il faut une grande précision manuelle.

C'est pour les mêmes raisons que, dans les centrales nucléaires et dans tous les autres secteurs où l'on manie des substances qui doivent être traitées avec soin et qui peuvent être dangereuses pour la santé de l'homme, les robots sont très utiles.

La recherche actuelle en robotique va vers le développement des robots indépendants, c'est-à-dire capables de se déplacer de manière autonome, sans que l'homme ne soit à côté pour les diriger. Pour que les robots puissent rester seuls, il leur faut une source d'énergie à l'intérieur du corps et un plus grand nombre de fonctions et actions, le plus proches possible de celles de l'homme. Les robots indépendants pourraient être utilisés dans les milieux dangereux que l'on ne peut envisager pour l'homme : des profondeurs marines, à l'espace ou aux centrales nucléaires. Sur l'illustration, une version probable du robot du futur pour les opérations sous-marines, encore très risquées pour l'homme. Le robot sous-marin adhère à l'installation construite au fond de la mer grâce à des ventouses situées au bout des pieds et il travaille avec ses deux bras situés de chaque côté de la tête.

APRÈS SOJOURNER, PIEDS OU ROUES ?

Parmi les robots destinés à voyager dans l'espace, ceux dotés de pieds font leur chemin. Il s'agit d'insectes-robots alimentés à l'aide de panneaux solaires qui, par rapport aux robots à roues, peuvent dépasser des obstacles d'une certaine hauteur. La NASA a déjà montré un certain intérêt pour ces nouveaux modèles, cependant, pour le moment, elle continue à préférer les "vieux" robots à roues. Le successeur de SOJOURNER (le petit robot qui, le premier, a exploré, photographié et ramassé des pierres sur la surface de Mars), sera une sorte de grand frère. Il s'appelle Nomad, il a les mêmes dimensions qu'un camion et pèse 800 kg. Plus grand, plus résistant et plus rapide (jusqu'à 2 km/h) que SOJOURNER, le prochain explorateur de la Planète rouge a été essayé par la NASA dans le désert d'Atacama (Chili), mais guidé par satellite depuis les États Unis. Nomad a donné d'excellents résultats.

Zoom
Pourquoi ?
Qui ?
Où ?
Quand ?
Comment ?

LE SAVIEZ-VOUS ?

■ **SUPERMARCHÉ-ROBOT :** un système expérimenté dans une chaîne européenne de magasins hard-discount permet au client d'introduire sa carte de crédit dans une fente située directement dans le rayon qui contient le produit choisi. Le client n'a pas de chariot, mais il retrouve tous les produits qu'il a achetés déjà mis dans les sacs à la caisse, où il se contente de signer le reçu de sa carte de crédit, sans avoir besoin d'attendre le ticket de caisse.

■ **SCAPHANDRIER-ROBOT :** il est capable d'extraire des diamants des fonds marins. Manœuvre depuis un bateau en surface, il est doté d'une pompe aspirante avec laquelle il ramasse 50 t de matériaux à l'heure. Il ne reste plus, sur le bateau, qu'à filtrer les matériaux aspirés, garder les diamants et rejeter le sable.

■ **ROBOT MARAÎCHER :** En Israël, on a expérimenté un ramasseur de melon robotisé qu'on a appelé Romper (*Robotic Melon Picker*). Romper peut être utilisé pour transplanter, cultiver ou ramasser des végétaux comme les melons, les courgettes, les choux et la laitue. Romper est même capable de dire si le végétal est mûr en le sentant : un capteur spécial mesure le niveau d'éthylène (l'hormone naturelle qui provoque la maturation des fruits) et il peut évaluer si le degré de maturation atteint par chacun des fruits est idéal, avec une marge d'erreur d'une journée.

Majordomes électroniques

Les robots de la première génération étaient des "ouvriers" mécaniques, destinés aux travaux dans l'industrie lourde. Puis, grâce au développement et au perfectionnement de la technologie, est née une nouvelle espèce de robot, plus sophistiquée et ressemblant plus à ceux qu'avaient imaginés il y de nombreuses années les écrivains et les metteurs en scène. Ce sont les robots dits "anthropomorphes", c'est-à-dire semblables à l'homme et donc capables de faire des choses

que les machineries industrielles ne pouvaient pas faire. Pour donner quelques exemples : marcher, jouer d'un instrument et même jouer au ping-pong ! Helpmate" (littéralement : "l'ami qui t'aide"), c'est le nom d'un robot-infirmier très efficace. Son rôle consiste à porter la nourriture et les analyses médicales aux patients. Dans son ordinateur, on a mémorisé le plan complet de l'hôpital dans lequel il travaille ; il peut donc se déplacer des chambres aux couloirs avec

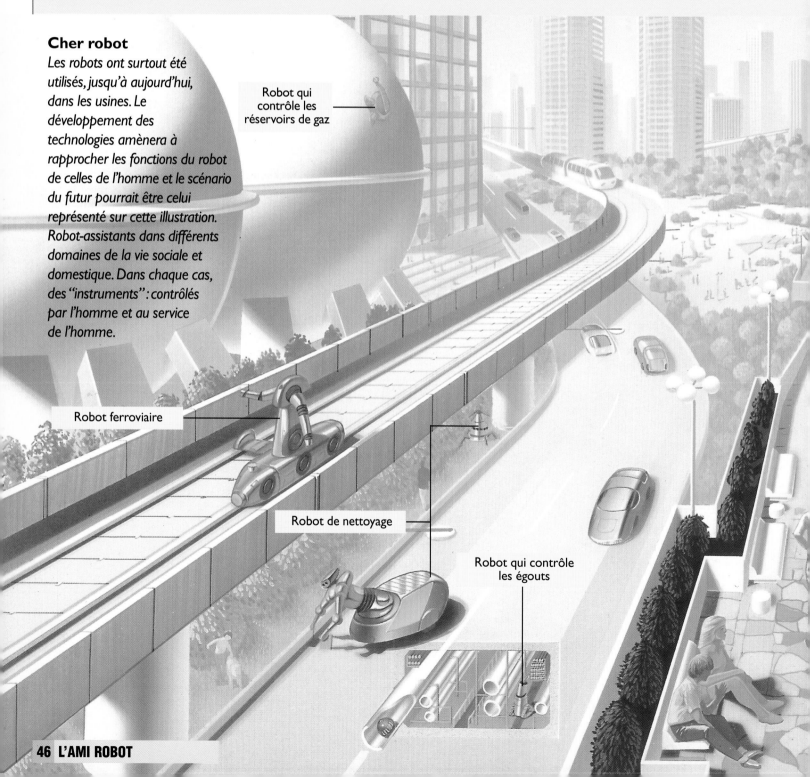

Cher robot

Les robots ont surtout été utilisés, jusqu'à aujourd'hui, dans les usines. Le développement des technologies amènera à rapprocher les fonctions du robot de celles de l'homme et le scénario du futur pourrait être celui représenté sur cette illustration. Robot-assistants dans différents domaines de la vie sociale et domestique. Dans chaque cas, des "instruments" : contrôlés par l'homme et au service de l'homme.

Robot qui contrôle les réservoirs de gaz

Robot ferroviaire

Robot de nettoyage

Robot qui contrôle les égouts

À CHACUN SON ROBOT

Un kit pour construire tout seul son véritable robot personnel ? Les plus grands constructeurs spécialistes du jouet, s'en préoccupent et vendent déjà leurs produits dans certaines parties du monde. Parmi les robots "en kit" sont disponibles un footballeur télécommandé, un robot-araignée qui reconnaît les obstacles et un autre qui se déplace en fonction des variations de la lumière. Un des plus grands s'appelle "65230", il se compose d'au moins 400 pièces et est doté de 5 moteurs électroniques.
Le prix de ces jouets fantastiques va de 500 F à environ 6 500 F.

Zoom
Pourquoi ?
Qui ?
Où ?
Quand ?
Comment ?

une grande désinvolture. Un système de rayons infrarouges lui permet de repérer les obstacles qu'il rencontre sur son chemin et de les éviter. À travers des signaux radio, il est capable d'ouvrir des portes fermées et de fermer celles ouvertes. "Sarcos" au contraire est un robot doté d'une grande facilité de mouvements. C'est lui qui, grâce à son agilité, peut jouer au ping-pong. De plus, il sait très bien parler et, pour cette raison, on voudrait le faire devenir accompagnateur dans les musées.

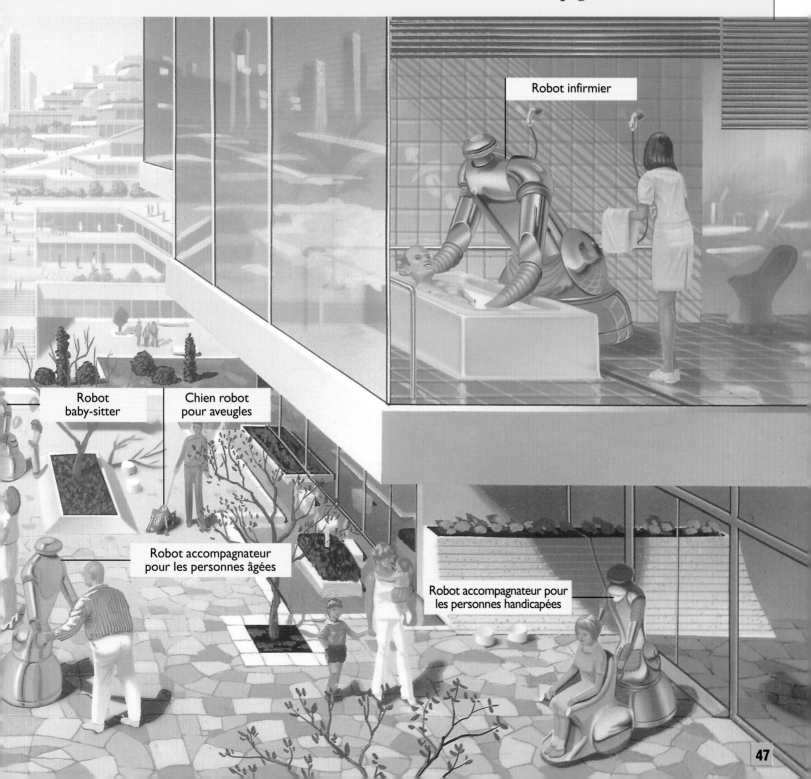

Robot infirmier

Robot baby-sitter

Chien robot pour aveugles

Robot accompagnateur pour les personnes âgées

Robot accompagnateur pour les personnes handicapées

Main d'acier et yeux-caméra

Du japon arrive "Sapiens", un robot qui mesure un mètre quatre-vingt de haut et qui pèse 210 kg. Il sait marcher même dans une montée, courir, pousser des chariots et éviter les obstacles. Il prendra probablement la place des gros robots en usine et il travaillera à la place des hommes dans les zones à risque.

Ces nouveaux robots, si semblables à l'homme et si sophistiqués, arriveront bientôt dans nos maisons et deviendront de véritables majordomes informatisés. Un de ces robots a déjà été utilisé chez des personnes handicapées et des personnes âgées : il se déplace sur une base munie de roues, il a un bras mécanique, une main d'acier avec trois doigts et une tête cylindrique munie de deux caméras qui lui servent d'œil. Infatigable "homme à tout faire", le robot-majordome peut nettoyer les salles de bain, refaire les lits, laver le linge, mettre les plats dans le four et beaucoup d'autres choses que l'on peut programmer dans son cerveau électronique. Lui aussi, comme son collègue infirmier, a la possibilité d'enregistrer et de mémoriser un plan de l'appartement dans lequel il travaille, et ainsi il peut se déplacer facilement d'une pièce à l'autre. Parmi les "anthropomorphes" de la dernière génération, il y aussi "Michelange", le premier robot-patient utilisé par les chirurgiens en salle d'opération. "Michelange" a des organes et des vaisseaux sanguins artificiels, mais exactement comme ceux des êtres humains. Relié à un ordinateur qui enregistre ses battements cardiaques et les principales fonctions, il réagit aux médicaments comme un homme et de ce fait est utilisé par les jeunes médecins pour leur première expérience, un peu comme pour les pilotes qui, avant de monter dans un véritable avion, s'exercent sur des simulateurs de vol.

Différence entre bras humain et bras de robot

Le bras humain peut contrôler sa position et sa force. Il nous permet donc d'exécuter des actions très différentes entre elles, comme cueillir une fleur, caresser un chat ou enfoncer un clou avec un marteau. Sur les robots industriels actuels, à ce jour, on a seulement réussi à réaliser la fonction de contrôle de la position.
Cela veut dire que le bras reste dans la position

Zoom
Pourquoi ?
Qui ?
Où ?
Quand ?
Comment ?

LA STAR D'HOLLYWOOD

Il a tourné avec Arnold Schwarzenegger dans "Terminator", mais ce n'est pas un acteur. Il s'appelle Tron-X et c'est un robot réalisé par une société australienne spécialisée en effets spéciaux pour le cinéma. "Cette star de l'écran" qui mesure plus de deux mètres et pèse plus de deux quintaux est construite avec des cylindres pneumatiques qui se déplacent grâce à l'air comprimé. Ses mouvements ressemblent d'une manière surprenante à ceux de l'homme : il peut serrer la main, soulever une valise, bouger les yeux et chacun des doigts. Quand il ne tourne pas au cinéma, Tron-X tourne dans le monde ou est exposé dans diverses foires de l'automatisation, où des milliers de visiteurs

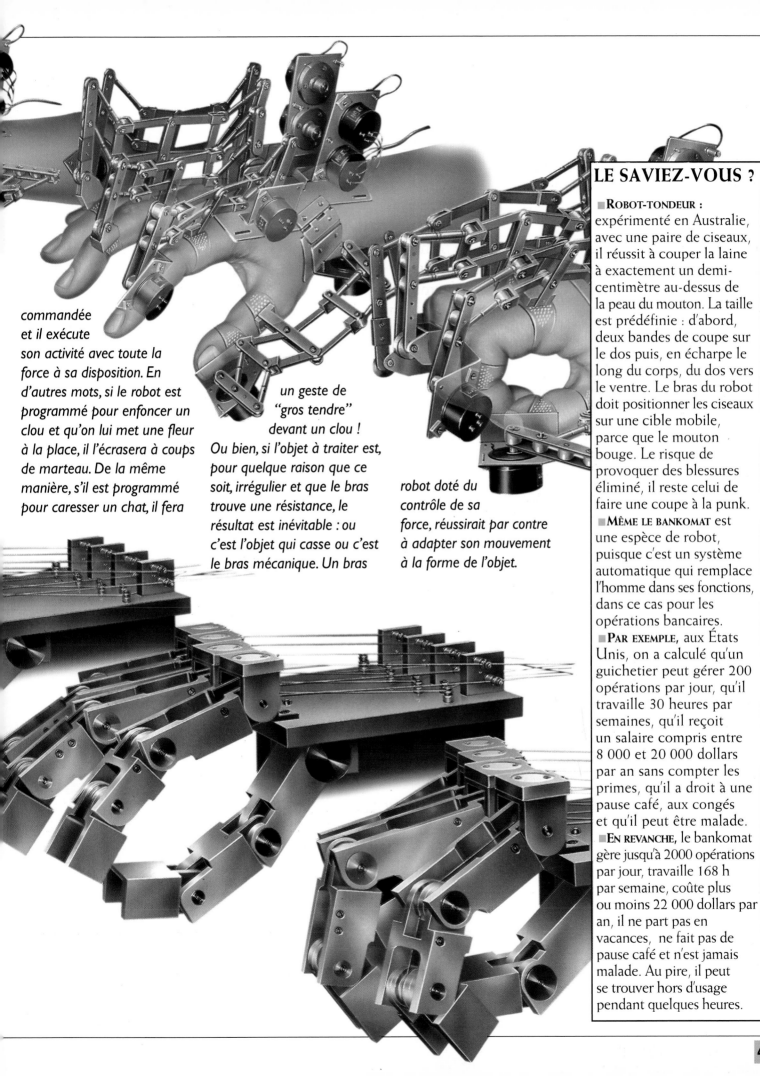

commandée
et il exécute
son activité avec toute la
force à sa disposition. En
d'autres mots, si le robot est
programmé pour enfoncer un
clou et qu'on lui met une fleur
à la place, il l'écrasera à coups
de marteau. De la même
manière, s'il est programmé
pour caresser un chat, il fera

un geste de
"gros tendre"
devant un clou !
Ou bien, si l'objet à traiter est,
pour quelque raison que ce
soit, irrégulier et que le bras
trouve une résistance, le
résultat est inévitable : ou
c'est l'objet qui casse ou c'est
le bras mécanique. Un bras

robot doté du
contrôle de sa
force, réussirait par contre
à adapter son mouvement
à la forme de l'objet.

LE SAVIEZ-VOUS ?

■ **ROBOT-TONDEUR :**
expérimenté en Australie,
avec une paire de ciseaux,
il réussit à couper la laine
à exactement un demi-
centimètre au-dessus de
la peau du mouton. La taille
est prédéfinie : d'abord,
deux bandes de coupe sur
le dos puis, en écharpe le
long du corps, du dos vers
le ventre. Le bras du robot
doit positionner les ciseaux
sur une cible mobile,
parce que le mouton
bouge. Le risque de
provoquer des blessures
éliminé, il reste celui de
faire une coupe à la punk.

■ **MÊME LE BANKOMAT** est
une espèce de robot,
puisque c'est un système
automatique qui remplace
l'homme dans ses fonctions,
dans ce cas pour les
opérations bancaires.

■ **PAR EXEMPLE,** aux États
Unis, on a calculé qu'un
guichetier peut gérer 200
opérations par jour, qu'il
travaille 30 heures par
semaines, qu'il reçoit
un salaire compris entre
8 000 et 20 000 dollars
par an sans compter les
primes, qu'il a droit à une
pause café, aux congés
et qu'il peut être malade.

■ **EN REVANCHE,** le bankomat
gère jusqu'à 2000 opérations
par jour, travaille 168 h
par semaine, coûte plus
ou moins 22 000 dollars par
an, il ne part pas en
vacances, ne fait pas de
pause café et n'est jamais
malade. Au pire, il peut
se trouver hors d'usage
pendant quelques heures.

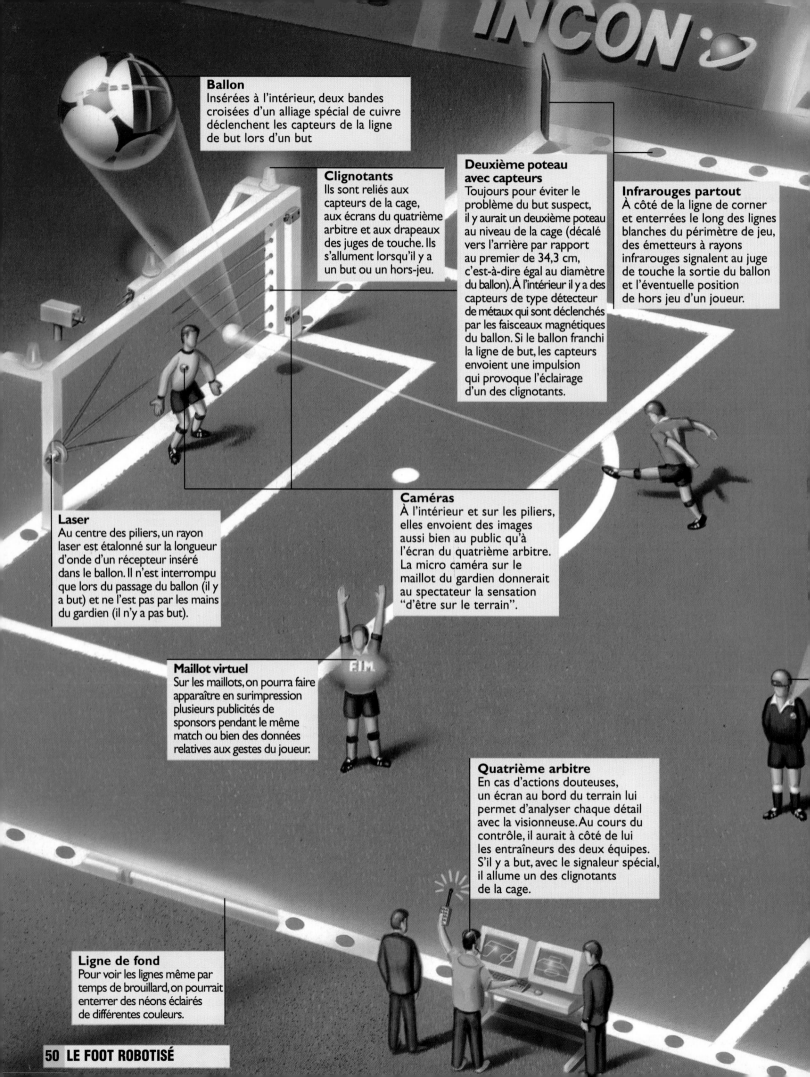

Ballon
Insérées à l'intérieur, deux bandes croisées d'un alliage spécial de cuivre déclenchent les capteurs de la ligne de but lors d'un but

Clignotants
Ils sont reliés aux capteurs de la cage, aux écrans du quatrième arbitre et aux drapeaux des juges de touche. Ils s'allument lorsqu'il y a un but ou un hors-jeu.

Deuxième poteau avec capteurs
Toujours pour éviter le problème du but suspect, il y aurait un deuxième poteau au niveau de la cage (décalé vers l'arrière par rapport au premier de 34,3 cm, c'est-à-dire égal au diamètre du ballon). À l'intérieur il y a des capteurs de type détecteur de métaux qui sont déclenchés par les faisceaux magnétiques du ballon. Si le ballon franchi la ligne de but, les capteurs envoient une impulsion qui provoque l'éclairage d'un des clignotants.

Infrarouges partout
À côté de la ligne de corner et enterrées le long des lignes blanches du périmètre de jeu, des émetteurs à rayons infrarouges signalent au juge de touche la sortie du ballon et l'éventuelle position de hors jeu d'un joueur.

Laser
Au centre des piliers, un rayon laser est étalonné sur la longueur d'onde d'un récepteur inséré dans le ballon. Il n'est interrompu que lors du passage du ballon (il y a but) et ne l'est pas par les mains du gardien (il n'y a pas but).

Caméras
À l'intérieur et sur les piliers, elles envoient des images aussi bien au public qu'à l'écran du quatrième arbitre. La micro caméra sur le maillot du gardien donnerait au spectateur la sensation "d'être sur le terrain".

Maillot virtuel
Sur les maillots, on pourra faire apparaître en surimpression plusieurs publicités de sponsors pendant le même match ou bien des données relatives aux gestes du joueur.

Quatrième arbitre
En cas d'actions douteuses, un écran au bord du terrain lui permet d'analyser chaque détail avec la visionneuse. Au cours du contrôle, il aurait à côté de lui les entraîneurs des deux équipes. S'il y a but, avec le signaleur spécial, il allume un des clignotants de la cage.

Ligne de fond
Pour voir les lignes même par temps de brouillard, on pourrait enterrer des néons éclairés de différentes couleurs.

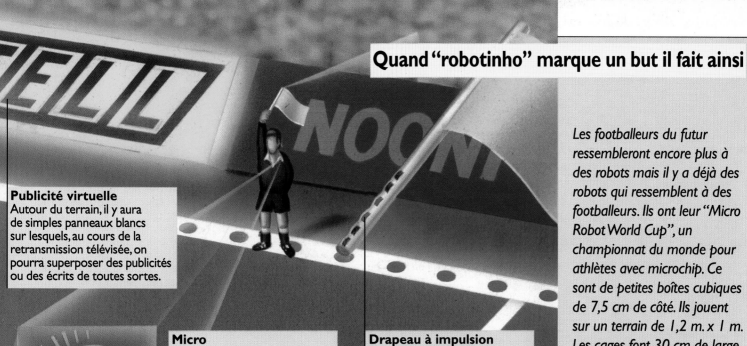

Quand "robotinho" marque un but il fait ainsi

Publicité virtuelle
Autour du terrain, il y aura de simples panneaux blancs sur lesquels, au cours de la retransmission télévisée, on pourra superposer des publicités ou des écrits de toutes sortes.

Micro
Inséré dans le col de l'arbitre ou des juges de touche, pour leur permettre d'avoir un contact immédiat. S'il était relié au réseau audio du stade, cela permettrait au public et aux joueurs de mieux comprendre les décisions de l'arbitre.

Drapeau à impulsion
Boutons poussoirs sur le manche des drapeaux des juges de touche. Il suffit d'appuyer dessus pour faire vibrer le récepteur de l'arbitre qui se rendrait compte aussitôt des signaux de ses assistants.

Arbitre avec casque
Arbitre doté d'un casque avec caméra et écran à cristaux liquides, pour suivre les différentes phases du jeu. L'écran permettrait de revisionner les actions douteuses et de zoomer sur des détails. Dans le casque, il y aurait aussi un micro et un écouteur pour permettre à l'arbitre de communiquer avec les juges de touche et le quatrième arbitre.

Terrain toujours parfait
Une technique de télévision qui existe déjà, le "cromakey", pourrait maintenir de manière électronique la pelouse toujours verte, même si en réalité elle est recouverte de boue ou de neige. Un problème reste à résoudre : à la télé on verrait des joueurs en tenue sale ou ayant des mouvements maladroits qui jouent sur un terrain en parfaite condition.

Zoom
Pourquoi ?
Qui ?
Où ?
Quand ?
Comment ?

LE FOOT DU FUTUR : MOITIÉ HOMMES, MOITIÉ ROBOTS

Il y avait but ou il n'y avait pas but ? Il était hors jeu ou pas ? Ce sont des questions que l'on entend de plus en plus souvent après un match. La "robotisation" du foot pourrait être la solution du futur, capable de résoudre une fois pour toutes chaque problème sur le terrain. Le foot du futur pourrait avoir des rayons laser sur les piliers de la cage, qui signaleraient quand le ballon est véritablement rentré dans les filets. Des capteurs et des infrarouges sur les lignes du terrain pourraient nous dire quand le ballon est sorti ou si un joueur est en position de hors jeu. Parmi les propositions pour renouveler le jeu de foot, il y a aussi celle de science-fiction d'un casque, avec caméra et écran à cristaux liquides, que l'arbitre pourrait mettre pour suivre les différentes phases du jeu et même revoir immédiatement les actions douteuses.

Les footballeurs du futur ressembleront encore plus à des robots mais il y a déjà des robots qui ressemblent à des footballeurs. Ils ont leur "Micro Robot World Cup", un championnat du monde pour athlètes avec microchip. Ce sont de petites boîtes cubiques de 7,5 cm de côté. Ils jouent sur un terrain de 1,2 m. x 1 m. Les cages font 30 cm de large. Le ballon, aussi petit qu'une balle de golf, est orange, couleur plus visible pour les capteurs. Le match se déroule en 4 temps de 5 minutes chacun. Sur chaque footballeur-robot il y a une petite antenne grâce à laquelle les mouvements des "techno-athlètes" sont télécommandés. C'est un ordinateur extérieur qui fait tout, il reçoit les informations par une caméra située au-dessus du terrain. Les "robotinho" sont programmés selon les schémas du vrai foot et sont dotés d'un software personnalisé. Il y a l'avant-centre (ligne d'attaque), l'arrière central (ligne de défense) et le milieu de terrain qui tire des ballons très longs et très précis, le gardien "anti-pénalty" etc. L'unique être humain admis sur le terrain est l'arbitre qui surveille le chronomètre et siffle les hors jeux, les fautes et les penaltys. Pour rendre les match plus imprévisibles et intéressants, on a inséré dans la "mémoire" des footballeurs-robot des commandes "random", c'est-à-dire aléatoires. Le mot d'ordre est toujours : gagner.

Un robot, deux robots, trois robots, quatre robots…

Du monde du travail et des grandes usines à celui de nos maisons, le robot, visiblement, est en train de devenir une présence fixe dans notre vie quotidienne. Un véritable "ami" prêt à nous aider à résoudre, de la manière la plus simple et la plus rapide, différentes sortes de problèmes.

Mais l'utilisation des robots est destinée à s'étendre à de nombreux autres secteurs de la science, et pas seulement sur la terre. Très certainement, on sait que les robots sont déjà devenus les ambassadeurs de l'humanité dans l'espace, d'abord avec l'exploration de la Lune, puis de Mars et bientôt d'autres planètes.

Il y a même des scientifiques qui ont imaginé des robots capables de se reproduire seuls et qui ainsi pourraient être les premières colonies d'habitants sur des planètes comme Mars, sur laquelle, nous, humains, ne pouvons habiter. Il s'agit d'hypothèses fantaisistes qui, au moins pour le moment, ressemblent plus à un film de science-fiction qu'à une véritable hypothèse scientifique. Avec le temps, cependant, elles pourraient devenir réalistes.

Le futur…

Le robot représenté sur cette page est un modèle de robot du futur. Il a un bras mécanique avec "sept degrés de liberté" (comme le bras humain) et, pour la première fois, on a mis au point un système de moteur qui permet à chaque articulation de bouger. Cela a permis de contrôler en même temps la position et la force.

…et maintenant…

Quand les robots seront capables de remplacer "complètement" l'homme dans toutes ses fonctions, ils deviendront "indépendants". Non plus "seulement" des instruments au service de l'homme et contrôlés par lui, mais des êtres autonomes. Morceaux de ferraille, mais dotés d'une intelligence artificielle. Un futur de science fiction, mais pas autant que cela.

…c'est ainsi que tout a commencé…

L'homme a déjà envoyé le petit robot "Sojourner" explorer Mars. Il l'a programmé pour qu'il prenne des photos et recueille des échantillons du sol. Il l'a dirigé à des milliers de kilomètres de distance. Il lui a ordonné : "Va là-bas, reviens en arrière, fais ceci, ne fais pas cela". L'étape suivante sera celle où le même "Sojourner", tout seul, sur Mars, construira un autre "Sojourner" et directement depuis Mars il, lui dira :"Sojourner 2 (ou Jean ou 5 481) va là-bas, reviens en arrière, fais ceci, ne fais pas cela. Va sur Saturne, explore Jupiter, allons voir grand-père sur Pluton". Après les avoir tellement imaginés, les martiens, c'est nous qui les avons créés.